小川 進 著

防犯カメラによる冤罪

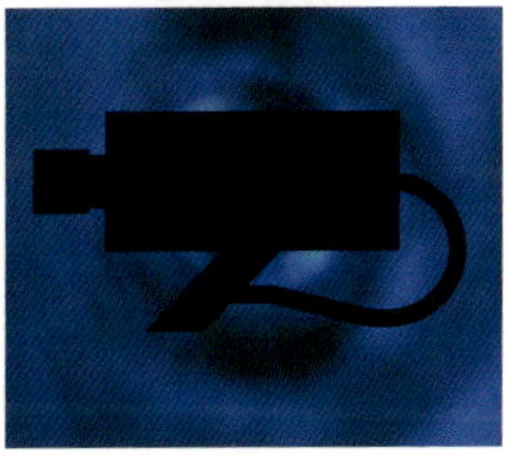

緑風出版

まえがき

はじめに

防犯カメラによる刑事事件の証拠が増えている。いまや、DNAと並んで、二つの決定的な証拠として、被告を次々に有罪としている。なかでも注目すべきは、一人の鑑定人である。橋本正次東京歯科大学教授（東邦大学理学部生物学科卒）は、年間一二〇〜一五〇件の鑑定書を作成し、刑事犯をさばいていく。二日で三本の鑑定書を書くという。

しかし、舞鶴女子高生殺害事件、南風原《はえばる》強盗事件、さらに法政大学器物破損事件で橋本鑑定書が冤罪事件を引き起こして、問題となっている。橋本教授は防犯カメラ画像の解像度*以下の特徴点が、「私には見える」という。同教授によると、特徴点とは、個人を識別する際に、目鼻口と耳にある数ミリの形態の違いであり、いくつかの特徴点が個人識別を可能にする、というのである。

画像は解像度以下では、通常は見えない。解像度とは識別できる最小の長さ（厳密にはその逆数）であるからである。さらに防犯カメラでは、夜間の影が識別を不能にする。防犯カメラは一台で九〇度の画角をカバーする超広角レンズを使用している。ほとんど魚眼レンズといってもよい。そのため、収差《しゅうさ》と呼ばれる形状の変形が生じる。つまり、太ったものがやせて見える。足長が短足になる。このため、しばしば警察の公開写真に防犯カメラ画像が使用されるが、公開捜査が不調になった事例として、リンゼイ・アン・ホーカー殺害事件がある。犯人の元千葉大生市橋達也が三年間見つからなかった。オーム真理教事件でも、マンガ喫茶に潜伏する容疑者が担当刑事にもわからなかったことがあった。実像と防犯カメラ画像があまりにも違っていたためである。また、警察がデモ隊の写真を撮影するが、マスクで顔を隠すデモ参加者は識別されているのかという疑問があるだろう。本書では、渋谷暴動事件を対象にデモ参加者の全員の識別ができることを示す。ここでは、殺害事件の真犯人を同定する作業を見せる。

このように、本書では、画像が読み解く真実をテーマに、特に刑事事件での冤罪を取り上げて、その原因と機構を明らかにした。

＊解像度：画像の最小の大きさの単位で、画素の一辺の長さである。解像度以下の画像は見えない。

防犯カメラと個人識別

防犯カメラ

防犯カメラは、業務用と家庭用では大きく異なるが、一般にはズームレンズが内装され、照度の低い夜間でもカラー撮影ができる。カメラ自体は高解像度ではあるが、画像データを保存する段階で、〇・五秒間隔で一〇〇万画素以下に落とされる。レンズはズームであるが、望遠か広角で使用される。室内では広角で使用される場合が多い。画角を90度にすれば、部屋全体を一台で写すことができる。

広角レンズの特徴として、世界地図のように端が大きくひずみ、面積が中心と端では大きく変化する。直線は双曲線状に曲がる。要するに人物は小さく写り、やせてしまう。足は短足になる。望遠レンズには、形態のひずみはないが、照度が不足し、個人識別は難しくなる。夜間の屋外撮影では致命的になる。

解像度は、十分あるが、ハードディスクに保存するには、撮影時間間隔を〇・五秒程度まで減らし、解像度も一〇万画素まで下げないと、長期の撮影画像は保存できない。実際の空間解像度は一センチメートル程度となり、個人識別に必要な数ミリの解像度には不足する。

こうした防犯カメラの特徴が、犯人の個人識別を困難にし、冤罪を生む原因になっている。

＊カメラで撮影される画像の水平方向の角度。視野角ともいう。

個人識別

犯人の個人識別の決定的な証拠は指紋である。東京大森は指紋照合の発祥の地とされ、一〇〇年以上前に、指紋が個人識別に使用できることがヘンリー・フォールズにより『ネイチャー』(Nature) に発表された（一八八〇年）。彼はエドワード・モースの大森貝塚の発掘調査（一八七七年）に参加し、縄文土器の表面に残る指紋から人類学的に分類ができると考察したモースに対し、個人識別に応用できるのではないかと提案した。このNatureに掲載された論文をヒントにアーサー・コナン・ドイルは作品『ノーウッドの建築家』を発表する（一九〇三年）。シャーロックホームズの中で、壁に付着した血痕の指紋から、世界ではじめて指紋を証拠とする個人識別を示した。シャーロックホームズは、さらに身長、体重、歩幅、足長、足型も個人識別の要素として示している。これらは実際に当時の警察で使用されることになる。

人相は、犯罪捜査では手配書として古くからある。人類学が、目、鼻、口、耳の各部の分類を「特徴点」で行い、これが個人識別の基礎となっている。しかし、いずれもミリ単位の違いが決定的であり、防犯カメラのように、画素の解像度が一センチメートル前後では、本人識別が困難になり、別人を犯人とするなど、冤罪の問題が発生する。犯人が帽子とマスクで耳以外の各部を隠していることも同定を困難にしている。

血液型も個人識別に使用され、ABOとRhによる判定が行われる。これも冤罪を生んでいる。袴田事件と狭山事件ではB型が、足利事件ではO型が問題になった。

現在、急速に進んできたのが、DNAによる個人識別である。指紋と同じように一人ずつ異なる点が識別の決定的な根拠となるが、保管状況により誤った結果が出ており、深刻な冤罪を生んでいる。おそらく、警察、検察の作為もある。南風原強盗事件はその疑いがある。

冤罪

袴田事件を筆頭に多くの刑事事件が冤罪を生んでいる。おそらく、全容疑者の三分の一は冤罪といってよいだろう。多くは証拠不十分なまま、犯人にされている。自白による立件が冤罪の最大の要因であるが、戦後の戦犯や共産党の場合は、政治が冤罪を作ってきた。本書で問題にするのは、DNAとともに、防犯カメラも冤罪を生むことの立証である。現状の防犯カメラは、「収差」と呼ばれる画像のひずみや「解像度」と呼ばれる最小の画素の大きさが識別には不十分であり、さらに動画であるにもかかわらず、〇・五秒という「時間解像度」が粗く、動作が判別できない。要するに、手が触れたかどうかも、わからないのである。

ところが、鑑定人が無実の人を犯人であると鑑定し、冤罪を生んでいる現実を本書では示す。冤罪鑑定人、橋本正次の鑑定の実態である。写っていない画像を「私には見える」と強弁し、次々と無実の人を犯人に仕立て上げてきたのである。しかも、それも三日で二本というペースで鑑定書を書き、一夜漬けで冤罪を生んでいる。被害者はこの男に対し、名誉棄損と損害賠償請求を行うべきである。それ以外にこの男の犯罪を止める方法はないだろう。

目次

防犯カメラによる冤罪

第1章　舞鶴女子高生殺害事件

事件の経緯

二〇〇八年五月六日午後一〇時ごろ、一五歳の女子高生小杉美穂さんが自宅を出て、深夜、携帯電話による通話とメールを送信後、行方不明となった。翌日、家族による捜索願が出され、五月八日午前八時四五分、雑木林で遺体として発見された。女子高生は頭部と顔面に外傷を負っていた。犯人を特定する証拠は、防犯カメラによる映像しかなく、「自転車を押す男」が女子高生と並んで映っていた。捜査の結果、現場近くの男が容疑者として浮上し、一一月一五日別件逮捕され、二〇〇九年四月七日、殺人罪と死体遺棄罪で逮捕された。ここで、防犯カメラの画像が橋本正次・東京歯科大学教授により鑑定された。

鑑定の嘱託は、二度にわたり京都府警から橋本正次に要請された。さらに二回にわたる供述調書も取られた。弁護側は、奈良先端科学技術大学院大学の千原國宏教授に鑑定を依頼した。いずれも防犯カメラ映像を対象とする鑑定である。被告が犯人であるかを決定する鑑定である。

防犯カメラ画像と二つの鑑定

京都府警は、海上自衛隊舞鶴教育隊に設置されている三台のカメラとフシミ運送の一台の防犯カメラの画像で、五月二、三、六、七日に撮影されたものを分析、容疑者として、中勝美がうかんだ。

図1　海上自衛隊舞鶴教育隊正門前。円内が防犯カメラ。

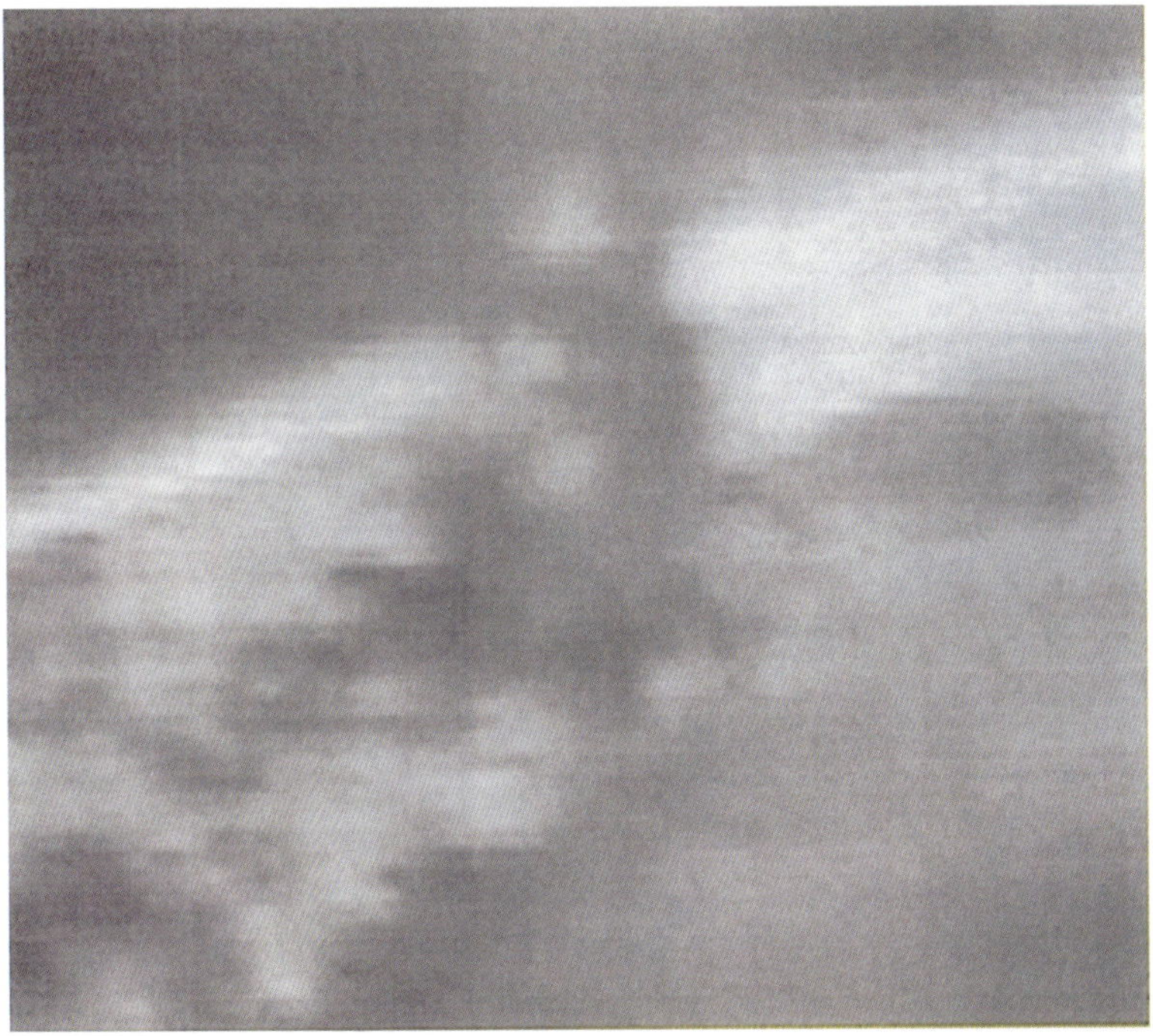

図2　海上自衛隊舞鶴教育隊南門前を撮影した画像の拡大画像（2008年5月7日）。自転車を引く男。

図3　海上自衛隊舞鶴教育隊格納庫前を撮影した画像（03）と拡大画像（10、11）

円内に女子高生と自転車を引く男

橋本正次は画像と中勝美容疑者の両者の耳の特徴が一致しているとの結論を出した。一方、千原國宏教授の鑑定では、低解像度の画像では「鑑定不能」と結論した。両鑑定人の同一の画像に対する鑑定は、全く正反対であった。

図2は、両鑑定人が対象とした海上自衛隊舞鶴教育隊南門前を撮影した画像の拡大画像（二〇〇八年五月七日）である。深夜の一時一六分五五秒である。自転車を引く男が映っている。図3は、その二〇分後、海上自衛隊舞鶴教育隊格納庫前を撮影した画像

で、女子高校生と自転車を引く男が映っている。

これらの防犯カメラ画像から、橋本正次は自転車を引く男は中勝美であると鑑定した。しかも耳の特徴が一致すると断じている。

これに対し、千原國宏は解像度が粗く、図２に対して「頭部全体が一五画素*程度の映像からは、目、鼻、口、耳の人物特徴の認識に必要な情報は全く確認できなかった」という。同様に図３からも「頭頂部から頸部とみられる部位までの長さは約二〇画素あるが、全体的には鮮明ではなく、目、鼻、口、耳の人物的特徴の認識に必要な情報は全く入手できなかった」と鑑定した。さらに、図２の拡大画像は、「一画素二・五センチ程度の解像度しか持ちえない」とし、「五センチ×五センチ程度の物体が正しく認識できる解像度はない」として、人物も自転車も身長も特定できないと断じた。

当然だろう。図３の解像度は一二ミリである。耳の長さは、日本人平均で五八ミリである。四画素相当である。耳の画像は四つの正方形が縦に並んでいるわけで、耳の特徴点は数ミリである。したがって、一画素が一二ミリであれば、それだけで耳が写し出されることになり、特徴点は全く不明である。四個の縦に並ぶ正方形の画素からは、耳の特徴点は完全に見えない。にもかかわらず、橋本正次は「二者の耳の形状が、耳介の後縁部や耳垂部で酷似しているのが観察できる」として「二者が同一人の可能性が非常に高いと判断するのが妥当である」と鑑定した。

＊画像を構成する最小の単位で、正方形をして、単色である。

表1　画像の時系列とその鑑定

撮影場所	撮影時刻	橋本正次	千原國宏
舞鶴教育隊南門	五月七日一：一六	被告人、その自転車	人物、自転車とも不明
舞鶴教育隊格納庫	五月七日一：三六	被告人、被害者	人物、自転車とも不明
舞鶴教育隊正門	五月七日一：四〇	被告人、被害者	人物、自転車とも不明
フシミ運送	五月七日二：〇三	被告人、その自転車 身長一七〇～一七五cm	人物、自転車とも不明 身長一六七～一九〇cm

表1に両鑑定人の鑑定結果の一部を示す。ここでは、犯人の特定とその使用した自転車の識別が鑑定対象である。橋本正次は、中勝美が犯人であると断じている。これに対し、千原國宏は、解像度以下の識別は理論的にありえず、鑑定不能と結論した。

身長は、橋本正次は、一七〇～一七五cm、千原國宏は一六七～一九〇cmと推定し、「鑑定対象人物の足元位置は特に不鮮明であり、推定値に大きな誤差が生じる」と断じた。つまり、千原鑑定人は、防犯カメラによる身長の推定は、足元が不鮮明であるから推定できないと主張した。足のない「お化け」のような画像から身長の推定はできないのである。さらに「情報損失は、どのような巧妙な画像処理を施しても復元できないことはディジタル画像処理の常識である」とした。つまり、橋本正次は「ディジタル画像処理の常識」を知らないと千原國宏は批判したのである。

二〇〇八年、橋本正次は九二本の鑑定書を書いた。にもかかわらず、「本鑑定に要した期間は、平成二〇年一〇月二日から平成二〇年一一月一〇日に亙る計四〇日である」と鑑定書末尾に書かれている。一年間に九二本の鑑定書を書いたのなら、一本当たりに費やしうる日数は、平均四日が限度である。加えて教授職の激務を考えれば、平日のほとんどは忙殺され、鑑定書を書く時間はない。したがって、身長の推定は、画像から行ったのではなく、被告人の身長から推定したと書くべきだった。

二〇一一年五月一八日、京都地裁は橋本鑑定に対し「単なる印象に基づくものが多い」と証拠能力を完全に否定したが、状況証拠から被告を無期懲役とした。二〇一二年一二月一二日、大阪高裁は、無期懲役判決を破棄し、逆転無罪とした。地裁、高裁ともに橋本鑑定を否定し、二〇一四年七月八日、中勝美の無罪が確定した。

表2　裁判の主な諸点

犯罪発生地点	京都府舞鶴市舞鶴教育隊付近の雑木林
犯罪発生時期	二〇〇八年五月七日午前二：〇〇頃
弁護人	遠山大輔弁護士、藤居弘之弁護士
検察側鑑定人	橋本正次東京歯科大学教授
弁護側鑑定人	千原國宏奈良先端科学技術大学院大学教授

【参考文献】

橋本正次、鑑定書（検甲第三三号）、二〇〇八年八月。
橋本正次、鑑定書（検甲第三四号）、二〇〇八年一一月一〇日。

橋本正次、供述調書（検甲第四六号）、二〇〇九年四月二〇日。
星本正次、供述調書（検甲第六〇号）、二〇〇九年九月一一日。
千原國宏、鑑定書、二〇一〇年七月七日。

第2章

南風原強盗事件

図1　パチンコ屋サンシャイン。裏手に景品交換所がある。

事件の経緯

二〇〇九年四月一六日午前一〇時六分、沖縄県南風原町《はえばるちょう》宮平のパチンコ屋サンシャインの景品交換所に強盗が入った。一一分間従業員ともみ合い、六〇〇〇万円の現金を強奪した。

現場には指紋と足跡が残され、犯行の様子は三台の防犯カメラに捉えられた。四〇代から五〇代のマスクをつけたパンチパーマの沖縄人である。身長一六〇cmの沖縄方言の男が手配された。防犯カメラによる個人識別には、顔の目鼻口と耳、身長と体型が調査対象となる。現場遺留物のＤＮＡ鑑定がこれに加わる。使用された拳銃はモデルガンであった。

六月一〇日、同パチンコ店で店内を歩

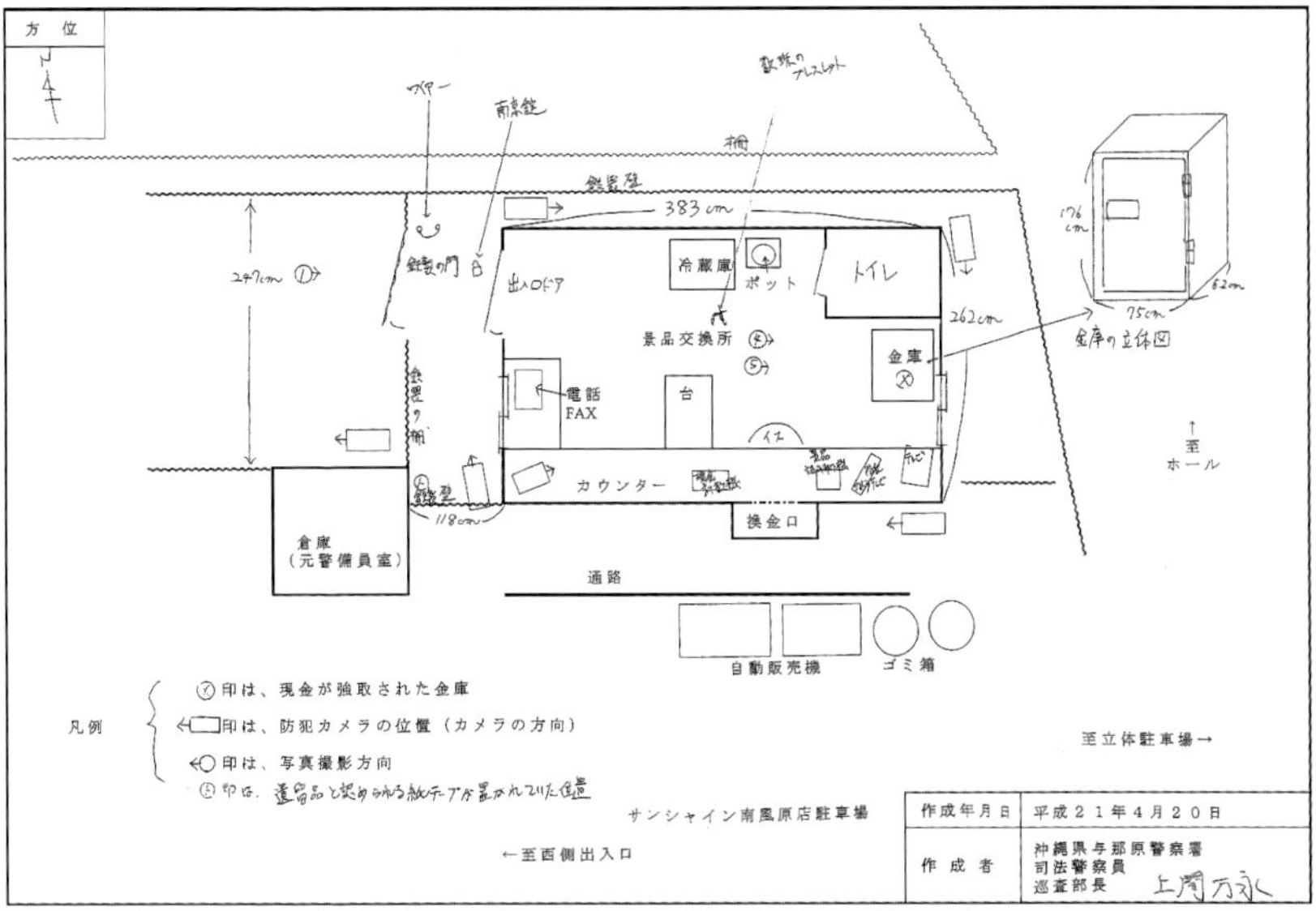

図２　現場見取り図（沖縄県与那原警察署）

く客の映像から、赤嶺武が任意事情聴取で警察に連行された。一二時間に及ぶ取り調べの挙句、刑事が作成した自白調書に無理やりサインをさせられ、翌日の深夜、逮捕された。

起訴状、鑑定書等によれば、犯人は被告ときわめて類似した顔の特徴をもち、身長一五六cmで、被告人宅から押収された銃器を使用した可能性がある、という。身長が当初の一六〇cmから一五六cmに訂正された。舞鶴事件同様、被告の身長に合わせて犯人の身長の推定値が決まる。足のない画像からである。ここで登場したのが、橋本正次である。

鑑定人橋本正次

橋本正次作成の二〇一〇年一月五日付

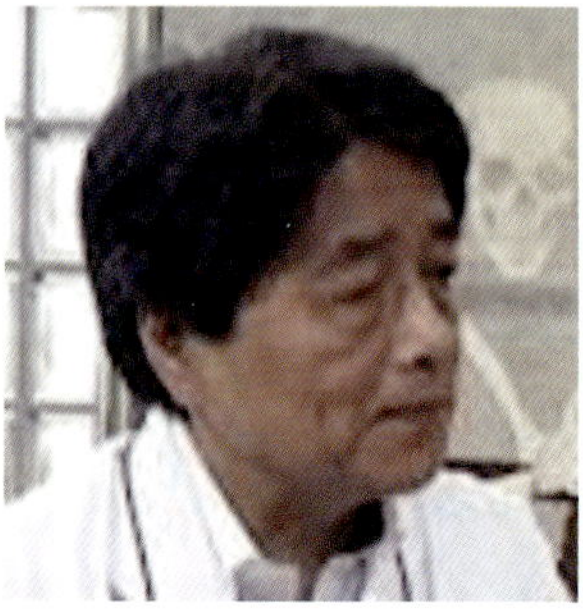

図３　橋本正次

鑑定書（以下「橋本鑑定書」という）によれば、犯人の顔などの特徴が被告と類似しており、説明のできない明らかな相違は認められなかったと主張している。しかし、形態の判別はいずれも言葉による定性的な判別で、数量化された定量的な判別ではない。舞鶴事件の二本目の鑑定書が二〇〇八年一一月一〇日、その供述調書が二〇〇九年九月一一日であるから、本件鑑定書はその直後である。

橋本正次とは一体何者なのか。

橋本正次は一九七六年三月東邦大学生物学科（最終学歴）を卒業し、東京大学理学部生物学科聴講生、研究生を経て、一九七七年一〇月東京歯科大学に助手として就職した。一九八四年米陸軍中央鑑識研究所に留学し、一九九二年「歯学博士」を取得し、二〇〇五年同大学教授（法人類学）に就任した。

主な業績は、参考文献に示す二冊の一般書『顔を科学する』（ニュートンプレス、一九九九年）、『犯罪科学捜査』（宝島新書、二〇〇〇年）と膨大な刑事鑑定書である。東京歯科大学年報によれば、警視庁等からの鑑定依頼に対する刑事鑑定書は、二〇〇八年度では九二本に上り、四日に一本の割合で執筆し、彼のほぼ全業績となっている。その内容は防犯カメラの鑑定である。論文は二〇〇二年から二〇一〇年に八本あり、うち論文の第一著者は歯に関する論文一本にすぎず、しかも東京歯科大学の年報である。したがって、防犯カメラの刑事鑑定人としての仕事がほとんどである。現在、年間一二〇～一五〇件の鑑定をこなし、総数は五〇〇件を超えている（橋本尋問調書）。教授職の激務の中で本件鑑定書も二、三日程度で書き上げられたものと思われ、実質数時間の産物であって、「一夜漬け」という表現が妥当だろう。

なお、東大の聴講生と研究生には授業料を払えば、だれでもなることができる。

鑑定の依頼

筆者は、被告弁護人である岡島実弁護士より、二〇一〇年四月一二日、鑑定の依頼を受けた。

「私は現在、沖縄にて二〇〇九年四月に発生した強盗致傷事件の冤罪事件の弁護を担当しております。この事件が冤罪であることは、これまでに収集したアリバイ、本人からの聞き取り等により確信をもっております。

この事件の立証上最大のポイントは、防犯カメラに映った映像です（三台の異なる角度から、各十数分、犯人が映った映像があります）。映像に映った人物と、被告人とが同一人であるとは到底思えませんが、検察側は、『同一人である疑いが高い』という鑑定書（法人類学者という橋本正次東京歯科大学教授作成）を提出しております。当方としては、映像解析により、『同一人とはいえない』という立証をしていきたいと考えております。

もう一つのポイントは、逮捕時に自宅から押収されたジャンパーです。検察は、このジャンパーから『被害者の唾液が検出された』と主張しています。しかし、これも重要な特徴が映像のジャンパーとは異なっていると思われ、この点でも同一性がないことを立証したいと考えております」

四月三〇日沖縄に向かった。一つ気になっていた点があった。被告のジャンパーから検出された「近赤外スペクトル」の結果であった。犯人に脅かされて金庫をあけさせられたパチンコ屋景品交換所従業員の被害者女性の口紅とされていた。後述するが、スペクトルから判断される色は赤であって、ピンクの口紅ではないと確信していた。沖縄県警の鑑識は、県内の工業高校出身者が多く、近赤外スペクトルを判読できないだろう。さらに防犯カメラのレンズの収差についても知識はないだろうと考えていた。証拠を科学的に読み解く能力は、沖縄県警にはないと確信していた。現在の犯罪を正確に読み解くには、大学院博士課程の修了者でなければ、不可能である。鑑定人もしかり。

景品交換所で、簡単な測量とカメラの確認を行った。カメラの画角は九〇度である。魚眼レンズともいえる超広角レンズであった。このレンズで映る人物は実際の半分くらいに痩せてしまう。橋本鑑定書にはレンズ補正が書かれていない。つまり、映像の犯人は、実際には中肉中背のがっしりした骨格の男である。リンゼイ・アン・ホーカー殺害事件で千葉大生市橋達也の防犯カメラ映像による公開捜査では、三年を空費した。レンズ補正をしなければ、別人といえる容疑者を探していたことになる。県警レベルでは、こうした知識もなく、無駄な捜査が現在でも続いている。多くの画像は、広角レンズか超広角レンズで撮影されている。公開捜査に使用する画像は、レンズ補正しなければ、いたずらに逮捕を遅らせるだけである。

赤嶺宅に着いた。早速、質問した。

「家に赤の絵の具かペンキはありませんか」保釈されていた赤嶺武さんがつっと立ち、赤の塗料のスプレーを持ってきた。

「これを使用してませんか」

「土木工事で使ってます」

なんと、道路工事で赤の塗料をアスファルトのマーキングに使用していたのである。警察が押収した作業着から「近赤外分析」で赤のスペクトルが出るのは当然である。特に袖口に飛沫がつくはずである。警察はそれを被害者女性のピンクの口紅と勘違いしたのである。県警の誤りと橋本の誤りが瞬時に理解できた。こうした低レベルの警察と名ばかりの大学教授が冤罪を生んでいるのである。橋本の専門は生物だろう。画像処理の理論もよくわかってないのではないか。橋本の鑑定書を見てもレンズ補正については全く言及していない。岡島弁護士と打ち合わせて、早速、以下の鑑定書を書き上げた。

なお、赤嶺宅には、現在も警察官が下宿しており、監視している。完全な人権侵害であろう。

鑑定結果

1　鑑定の内容

被告人が犯人であるかについて以下の鑑定を行った。カッコ内が使用したデータである。

(1)　耳（防犯カメラ、橋本鑑定書）

(2)　身長（防犯カメラ）

(3) 肩幅（防犯カメラ）
(4) 銃器（防犯カメラ、押収品）
(5) ジャケット（防犯カメラ、押収品）
(6) ジャケット付着の色素と口紅（押収品、検察側鑑定書）

2 はじめに

起訴状、検察側鑑定書等によれば、犯人は被告ときわめて類似した顔の特徴をもち、身長一五六cm、被告人宅から押収された銃器を使用し、同じく押収された白いジャケットを着て、袖口には被害者の口紅が付着している可能性がある、という。

まず、橋本正次作成の平成二二年一月五日付鑑定書（以下「橋本鑑定書」という）によれば、犯人の顔などの特徴が被告と類似しており説明のできない明らかな相違は認められなかったと主張している。しかし、形態の判別はいずれも言葉による定性的な判別で、数量化された定量的な判別ではない。一般に、形の評価には種々の数量化された表現が提案されてきている。なかでも標準的な数式に形状係数*がある。ここでは形状係数を動画像に適用して、耳の鑑定をした。

次に、防犯カメラの画像の長さの同定であるが、超広角レンズの画像は、空間角度は画像全体に均質に圧縮保存されるが、長さは不均質に圧縮される。画像の対象とされる位置ごとに圧縮率が異なり、寸法の推定は困難である。したがって、対象の寸法は角度から換算されねばならない。スケールでは正確な計測はできないし、推定も困難である。銃器の同定では、画像上の寸法ではなく、形態の特徴を抽出する必要がある。

身長の同定に対して、カメラ３の三枚の画像から、参照となる被害者女性の頭の位置（身長一五〇cm）、金庫の天板位置（高さ一七六cm）を利用して、空間角度から犯人の身長を鑑定した。肩幅の同定に対して、カメラ３の一枚の画像から、参照となる金庫の天板の幅（幅七五cm）を利用して、その空間角度から犯人の肩幅を鑑定した。銃器の同定に対して、銃器の形態の特徴に着目し、銃身の長さとシリンダー長さの比を求め、押収品のコルトパイソンと実際に使用された銃器の異同を鑑定した。

次に、犯人のジャケットは白の薄手の合繊であり、被告人からの押収品はベージュの麻の混紡である。両者は一見して異なる。ジャケットの色と材質を鑑定した。

最後に、被告人宅より押収された岐阜武社製のジャンパーと被害者女性より押収した口紅の赤外スペクトルの結果について、両者は類似するという極めて問題のある鑑定結果を提出している。しかし、両者のスペクトルより「色」が単純に判定でき、しかもこの色は明確に別の色、すなわち、別の物質であることを鑑定した。

＊形を数値化したもので、面積を最大長の二乗で割った数値である。次項参照。

3　方法

まず、橋本鑑定書に使用された動画像の一部（図33）を対象にし（写真1、2）、犯人と被告の耳の部分を抽出し、その面積と最大長の二乗から形状係数を求めた。

形状係数＝面積／（最大長）の二乗

形状係数は、正方形では〇・五となり、長方形では長くなるにつれて小さくなる。耳は上端部と下端部と外側部とで囲まれた画像上の平面の図形とした。

次に、身長の鑑定では、犯人、被害者女性、金庫が比較的近接した画像を三枚選択し、それぞれの座標を求め、鉛直方向の空間角度を計測した。犯人の頭部の位置を角度で推定し、身長を同定した。肩幅の鑑定では、犯人が金庫に近接した画像を一枚選択し、金庫の天板の座標を求め、水平方向の空間角度を計測した。犯人の肩幅の空間角度とそのカメラ距離との積から肩幅を推定した。また、被告人の肩幅は直接計測した数値を採用した。銃器の鑑定では、防犯カメラ五の画像中の銃器が明確に映されている画像を選び、銃器の銃身とシリンダーの長さの比率を計算した。同様にモデルガンのコルトパイソンの銃身とシリンダー長の比率を求め、両者を比較し、鑑定した。

次に、犯人のジャケットと被告人のジャケットとの鑑定では、カメラ三及び五の映像より、ジャケットの色を同定し、材質を推定した。同様に県警が押収したジャケットの映像より、色を同定し、材質を推定した。

最後に、二種類の色素について、二つのスペクトルより、可視光の吸収ピークの波長を示し、合成された最終的な色の鑑定を行った。加色混合とはＲＧＢ（赤、緑、青）の三原色をもとに構成される色光の系統である。つまりスペクトルの吸収がわかれば、色は判定できる。

4　結果

まず、写真1より犯人の耳の形状係数は〇・四七となった。一方、写真2より被告の耳の形状係数は〇・三九となった。この差は十分有意な差といえる。したがって、両者は異なる。被告の耳は、S字曲線*が認められるが、犯人の耳にはそれがない。

次に、犯人の身長について、写真3の計算の結果、身長は一六四・九cmと推定された。画素の解像度は鉛直方向に約七mmであり、±七mmの誤差を含む。同様に、写真4の計算結果、身長は一六〇・七cmと推定された。写真5の計算結果もまた、一五九・五cmとなった。したがって、犯人の身長は一六二cm±三cmと推定される。被告人の身長は一五六cmである。同様に、写真6より被告人の肩幅は三六cmである。一方、写真7より、犯人の肩幅は四二cmと推定された。画素の解像度は水平方向に約七mmである。

したがって、犯人の肩幅は四二cm±七mmとなり、被告人とは明らかに異なる。銃器について、写真8に示す銃器では、銃身部とシリンダー部の比は一・七八：一であった。それに対して、写真9のモデルガンのコルトパイソン二・五インチでは、銃身部とシリンダー部の比は一・六六：一であった。両者は明らかに異なり、別種である。

次に、犯人のジャケットと押収品のジャケットについて、写真10に示すカメラ5の画像のように、犯人のジャケットは白色の合繊であり、しわが目立つことから薄地のナイロン製であることが推定される。同様に写真11にも示すように、犯人のジャケットは、カメラ3の室内撮影の画像でも白色のジャケットであることがわかる。同様の市販の製品は、ナイロン製かポリエステル製であり、ウィンドブレーカーと呼ばれている。写真12及び13に示すように、被告人からの押収品のジャケットは麻とポリエステルの混紡であり、ベージュがかった色である。蛍光灯下で犯人の着衣は白色を呈しているのに対し、押収品はうす茶色を帯びた色を呈していることから、両者の色が異なることが分かる。したがって、押収品の材質は警察の鑑定書により、ポリエステルと麻の混紡であることが分かっている。両者は明らかに異なる。

最後に、押収品の二つの色素について、図5に示すスペクトルはG（緑）とB（青）に吸収ピークを持つ。したがって、合成された吸収色はシアンとなり、この色の補色である赤が発色する。ピークが単純で鋭いことから塗料であることが推定される。すなわち、赤の塗料である。一方、図7に示すスペクトルはだらだらとした曲線を描き、G（緑）に最大の吸収を示す。すなわち、その補色であるピンク（マジェンタ）が発色する。スペクトルの曲線より複数の色素の混合物が考えられ、ピンク系統の口紅であると鑑定される。

＊S字状の曲線形状。

5　結論

以上の結果から、以下のように結論した。

(1)　橋本鑑定では同一人物とされた写真より、耳の鑑定を行った。その結果、両者は形状係数が〇・四七と〇・三九となり、有意に異なり、別人と鑑定される。

(2)　現場で撮影された防犯カメラによる画像から、被害者女性と金庫の高さを参照して、空間角度から犯人の身長を推定した。三枚の画像からそれぞれ一六四・九cm、一六〇・七cm、一五九・五cmが得られた。したがって、犯人の身長は一六二cm±三cmと推定される。被告人の身長は一五六cmであり、明らかに異なる。

(3)　画像より推定される犯人の肩幅は四二cm±七mmであった。一方の被告人の肩幅は三六cmであり、明らかに別人である。

(4)　犯人が使用した銃器は、銃身部とシリンダー部の長さの比が一・七八：一であり、押収品のモデルガンのコルトパイソン二・五インチでは、銃身部とシリンダー部の比は一・六六：一であった。したがって、両者は明らかに異なり、別種であると結論される。

(5)　犯人のジャケットは、白色の合繊である。ナイロン製かポリエステル製の薄地のウィンドブレーカーと推定される。それに対し、被告人の押収品は、麻とポリエステルの混紡で、ベージュがかった色をしている。したがって、両者は別物である。

(6)　被告人より押収された白いジャンパーに付着した赤い物質は、赤の塗料である。一方の被害者より押収した物質はピンク系統の口紅である。したがって、両者は全く異なる物質である。したがって、被告人は犯人とは別人であると結論された。

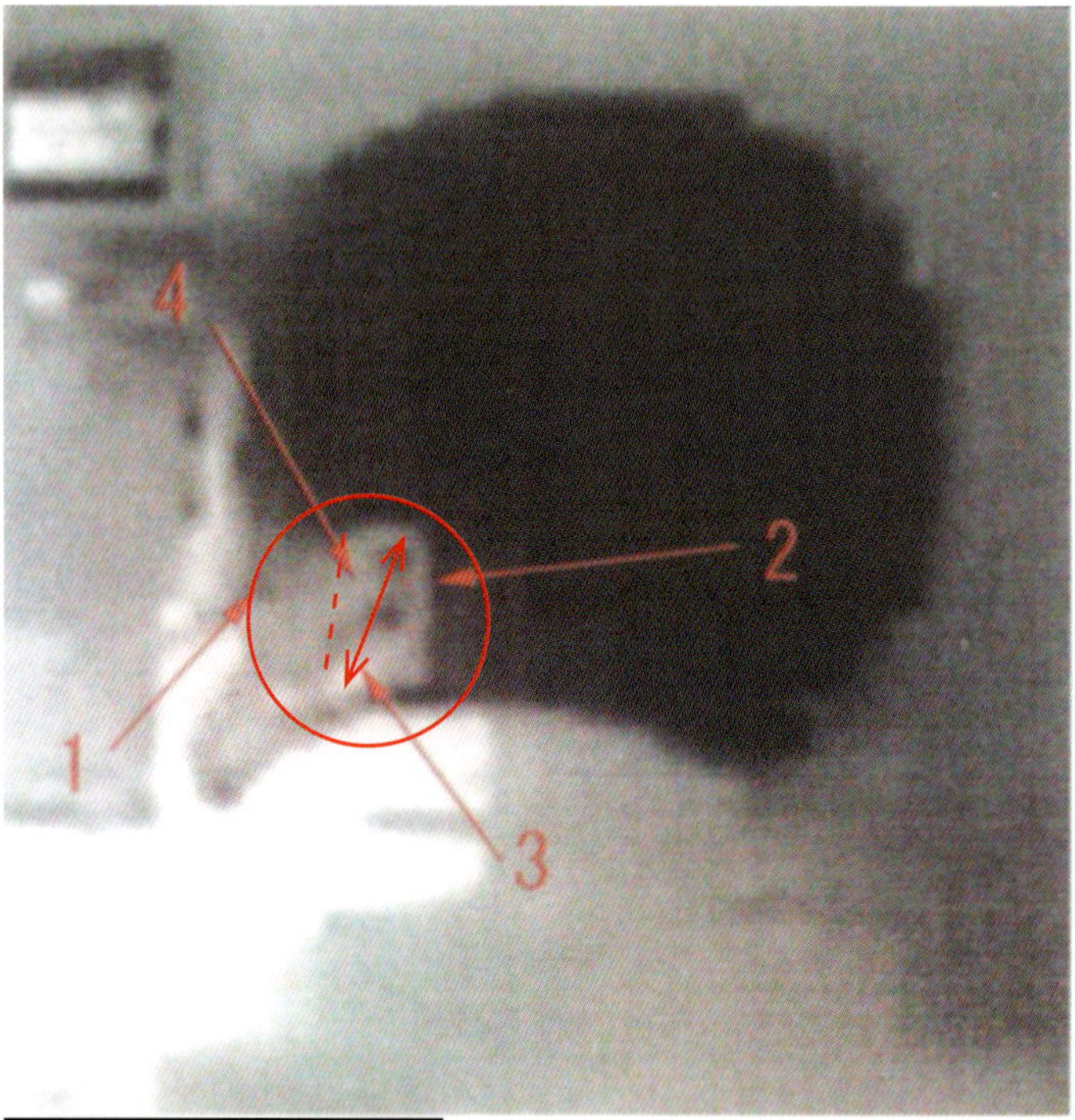

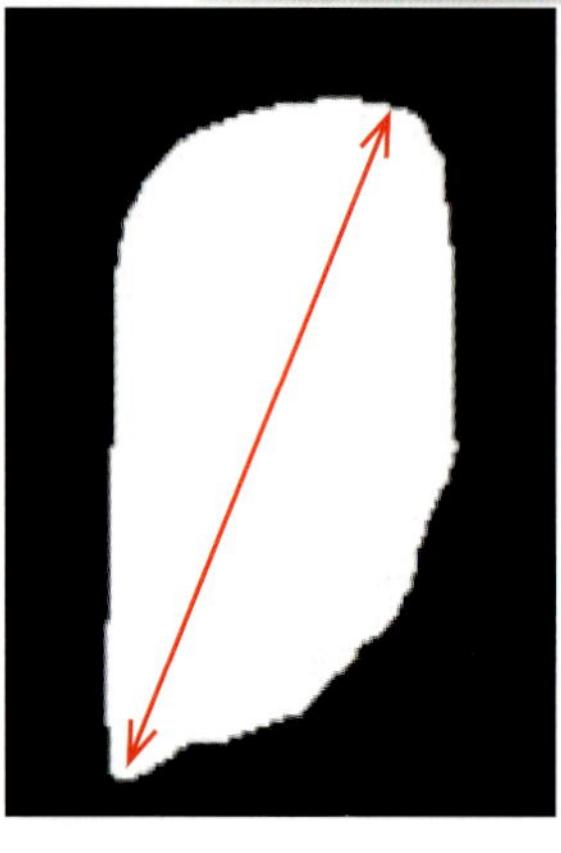

写真1　犯人の耳の画像（上）と計算に使用したシルエット（下）

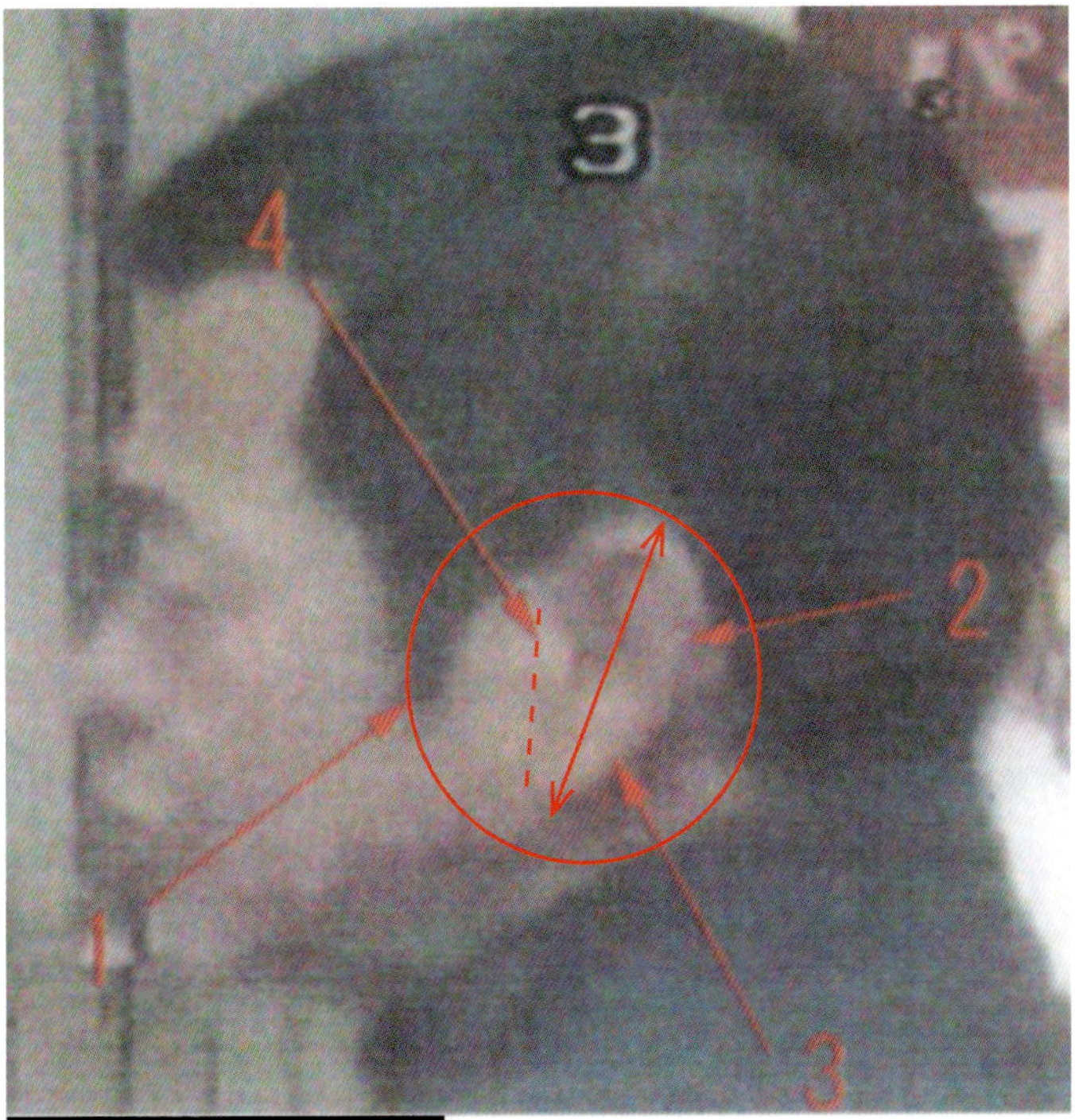

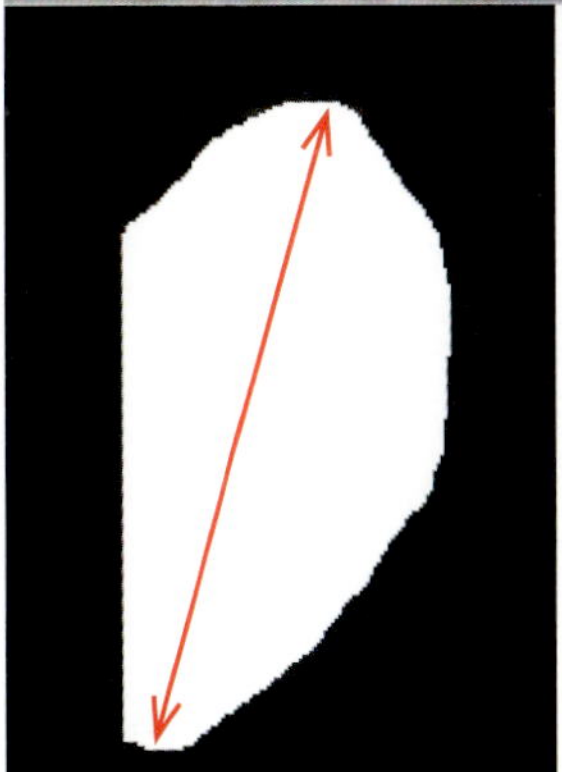

写真２　被告の耳の画像（上）と計算に使用したシルエット（下）

写真３　カメラ３の動画１、女性と犯人の身長および金庫の高さを実線で表示。

写真４　カメラ３の動画２、女性と犯人の身長および金庫の高さを実線で表示。

写真５　カメラ３の動画３、女性と犯人の身長および金庫の高さを実線で表示。

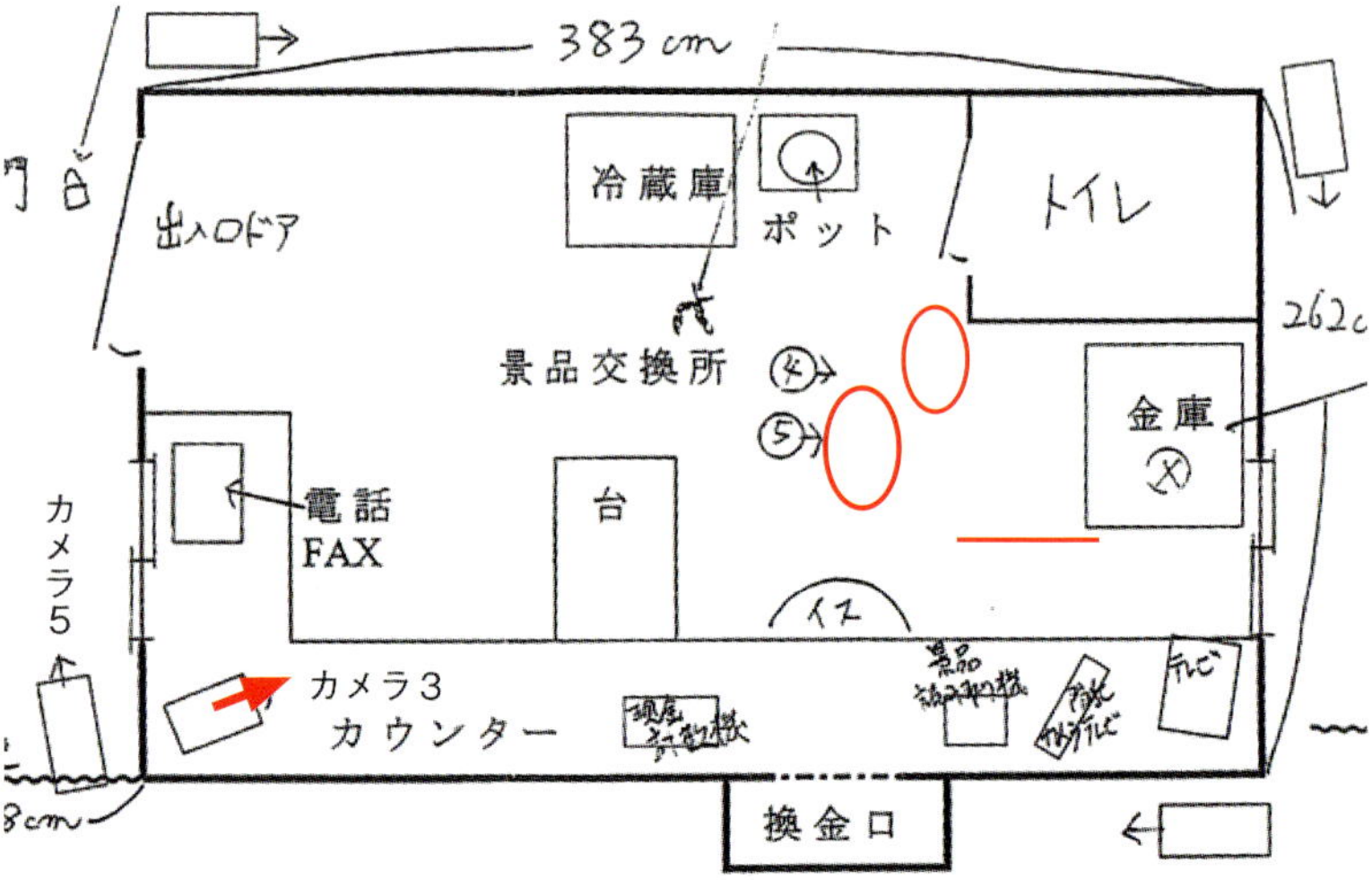

図1　写真３に対応する見取図と犯人および被害者の位置 (楕円)

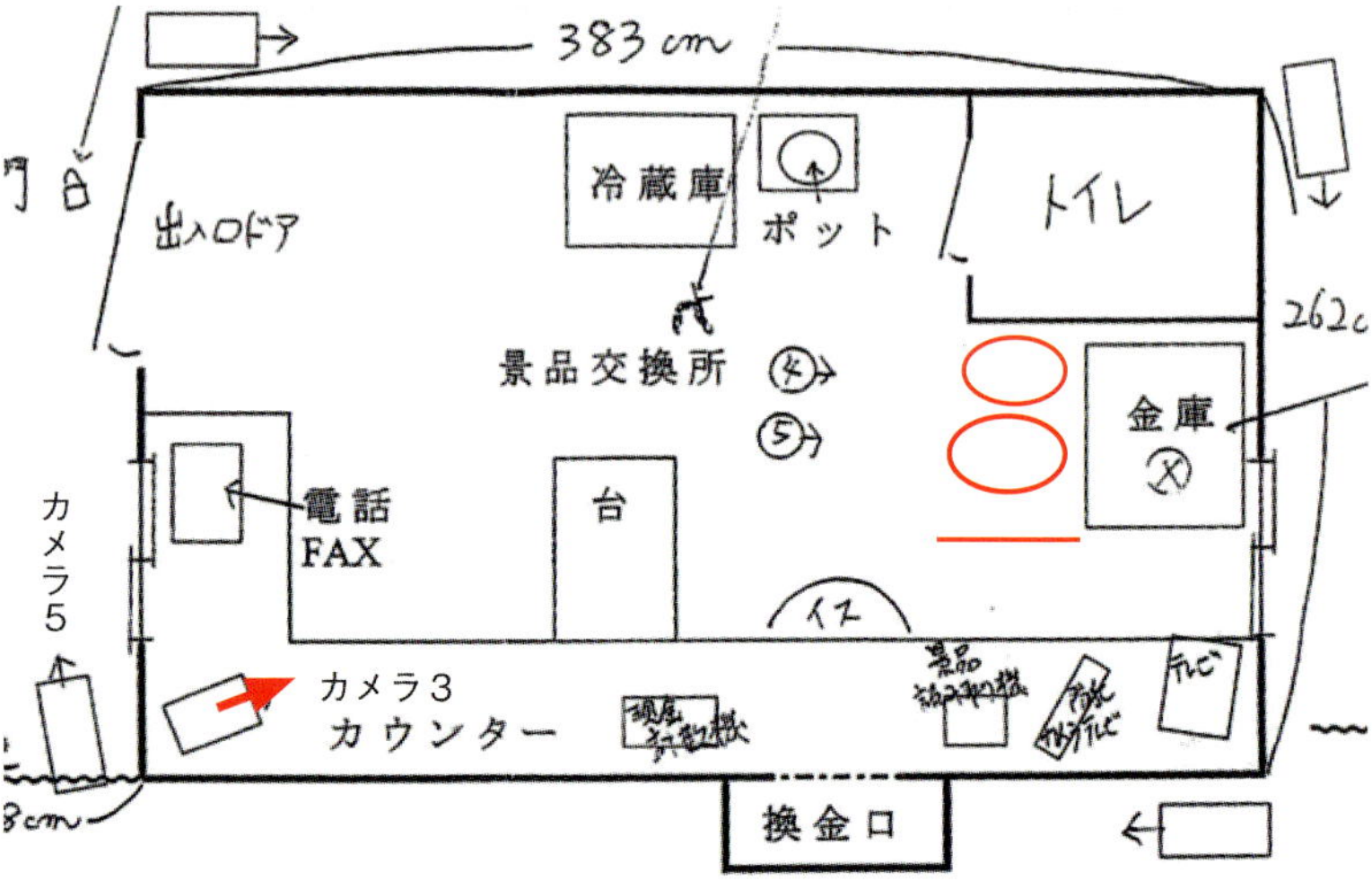

図2　写真４に対応する見取図と犯人および被害者の位置 (楕円)

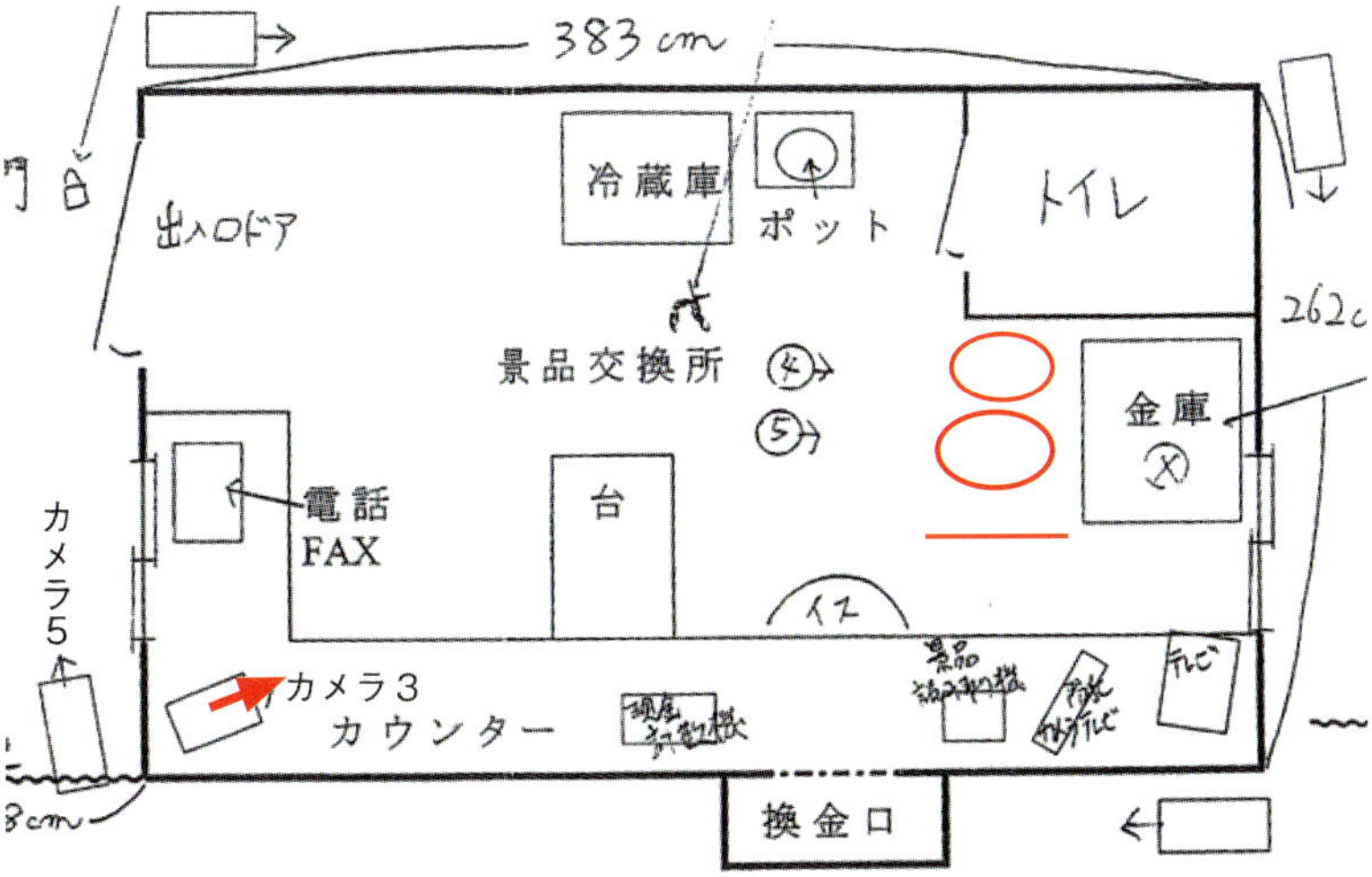

図３　写真５に対応する見取図と犯人および被害者の位置（楕円）

写真６　被告人の肩幅36cm。

写真７　犯人の肩幅 42cm。

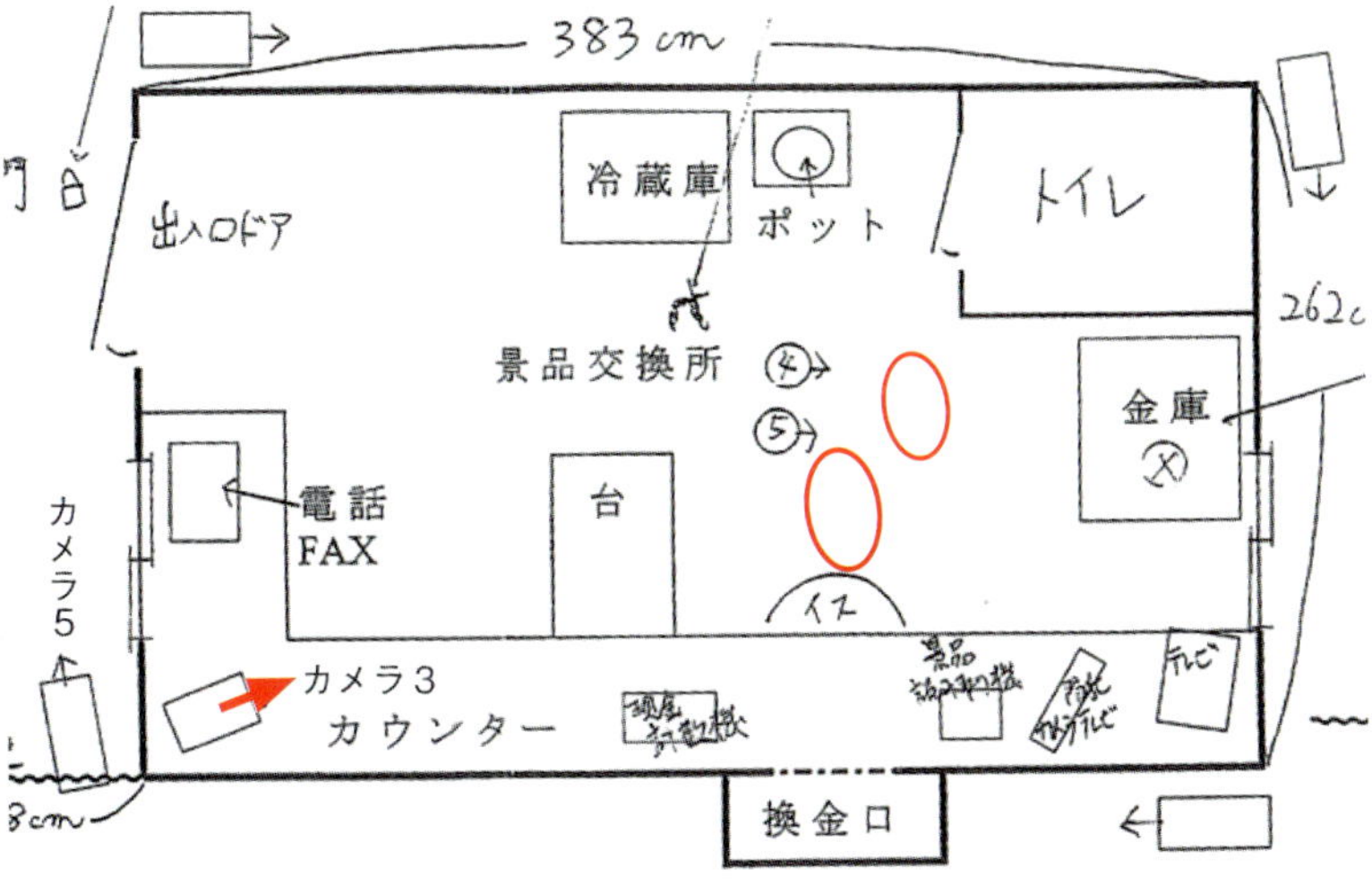

図４　見取図、犯人と被害者女性の位置（赤の楕円）。カメラの位置（赤の矢印）。

写真８　円内の銃器に銃身部とシリンダー部の区分を描き、その長さの比を求める。

写真９　モデルガンコルトパイソン2.5インチ。銃身部とシリンダー部の長さの比を求めた。

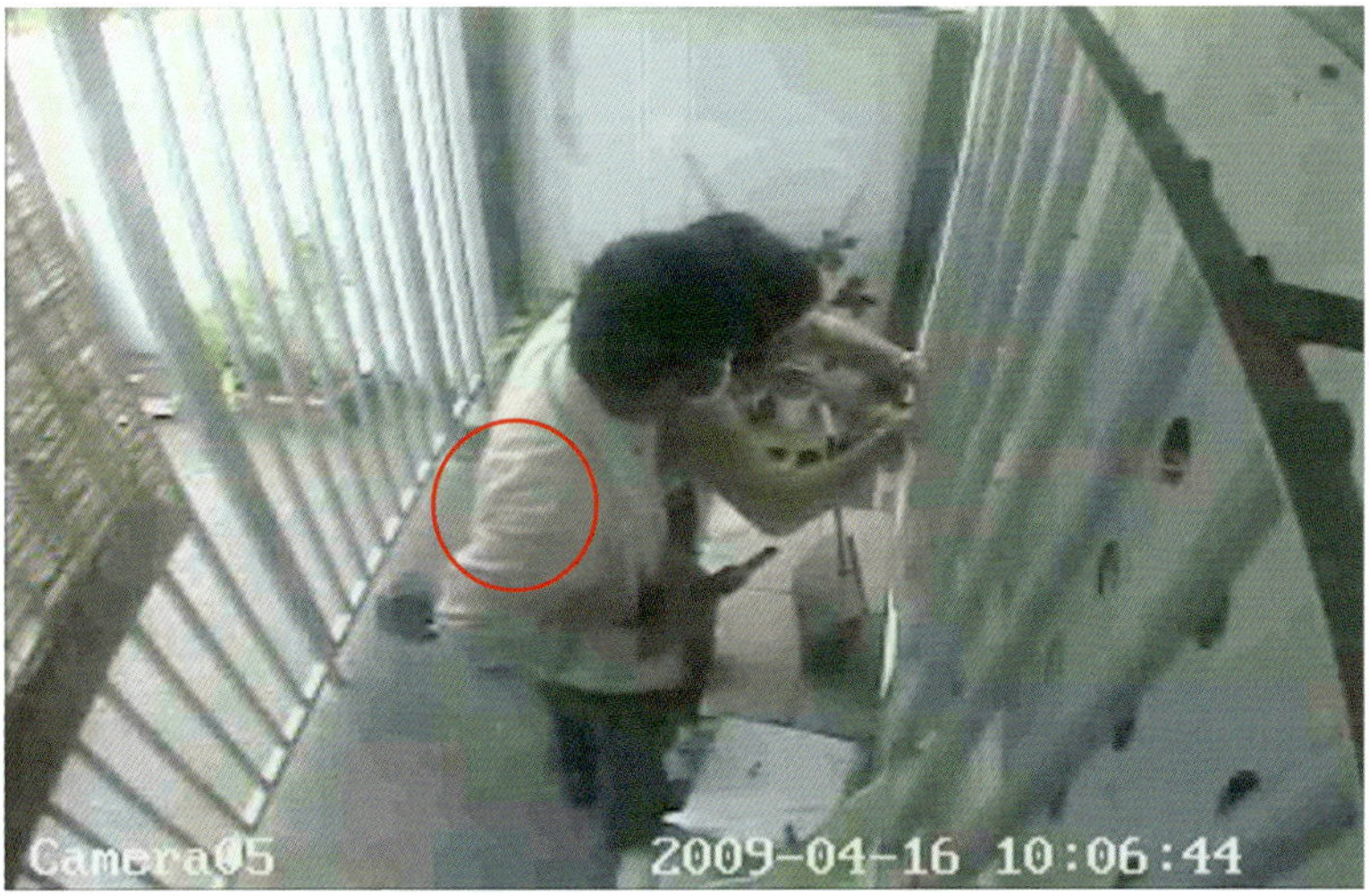

写真10　犯人の白いジャケットと右袖の部分のしわ（室外）

写真11　犯人の白いジャケット（室内）。室内でも白色である。

写真12　押収されたジャケット

写真13　押収されたジャケット（拡大）。麻の色が明確に確認できる。

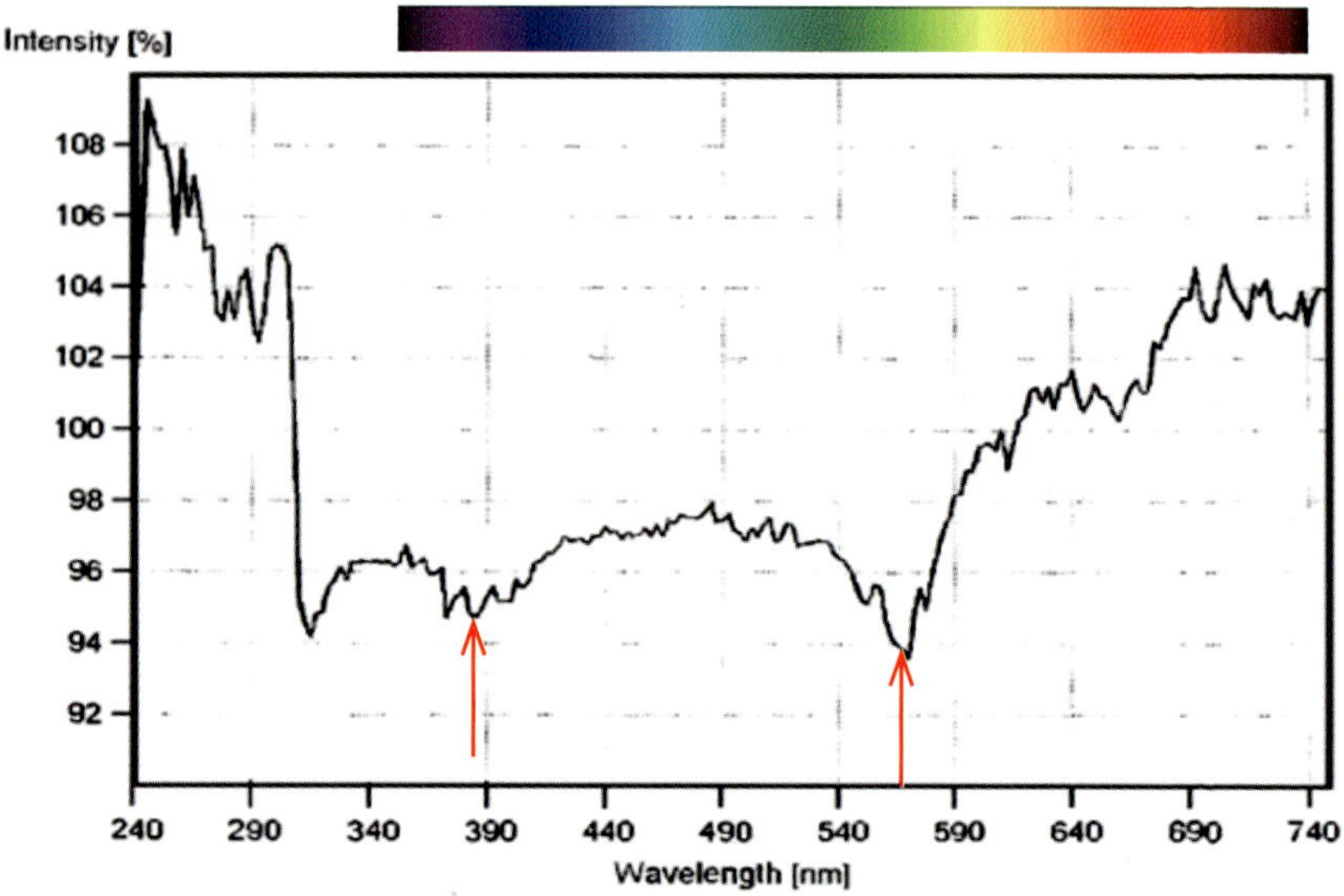

図５　鑑定資料1の赤外分光スペクトルの色の吸収（赤の塗料）

緑G＋青B＝シアン--->赤R

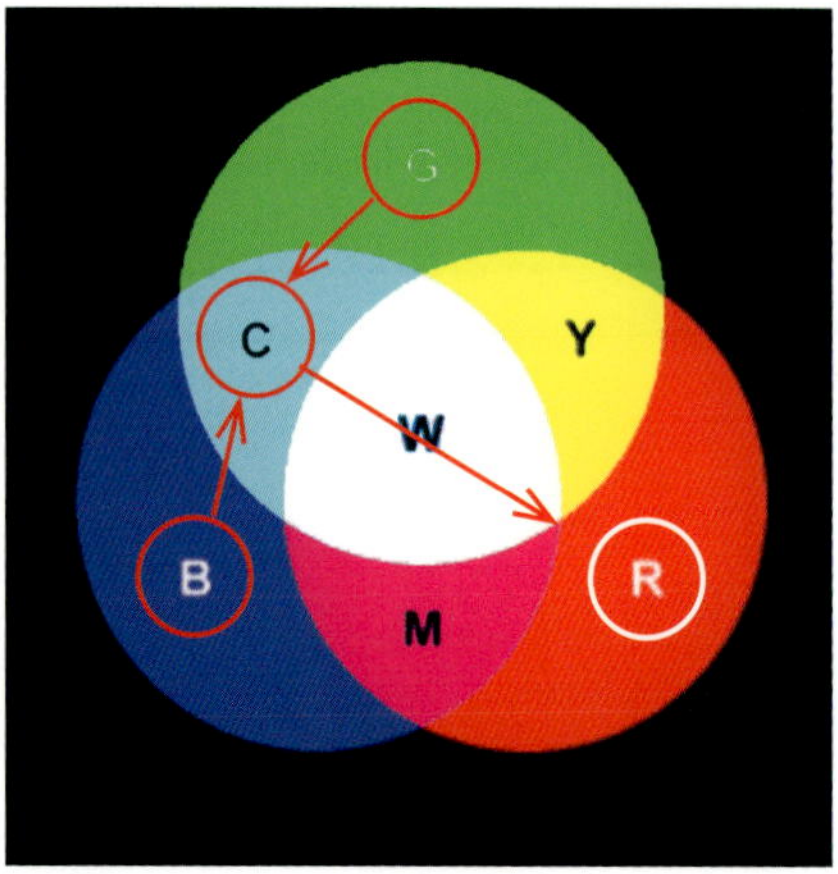

図６　GとB吸収によりシアンが合成され、補色の赤が発色する。

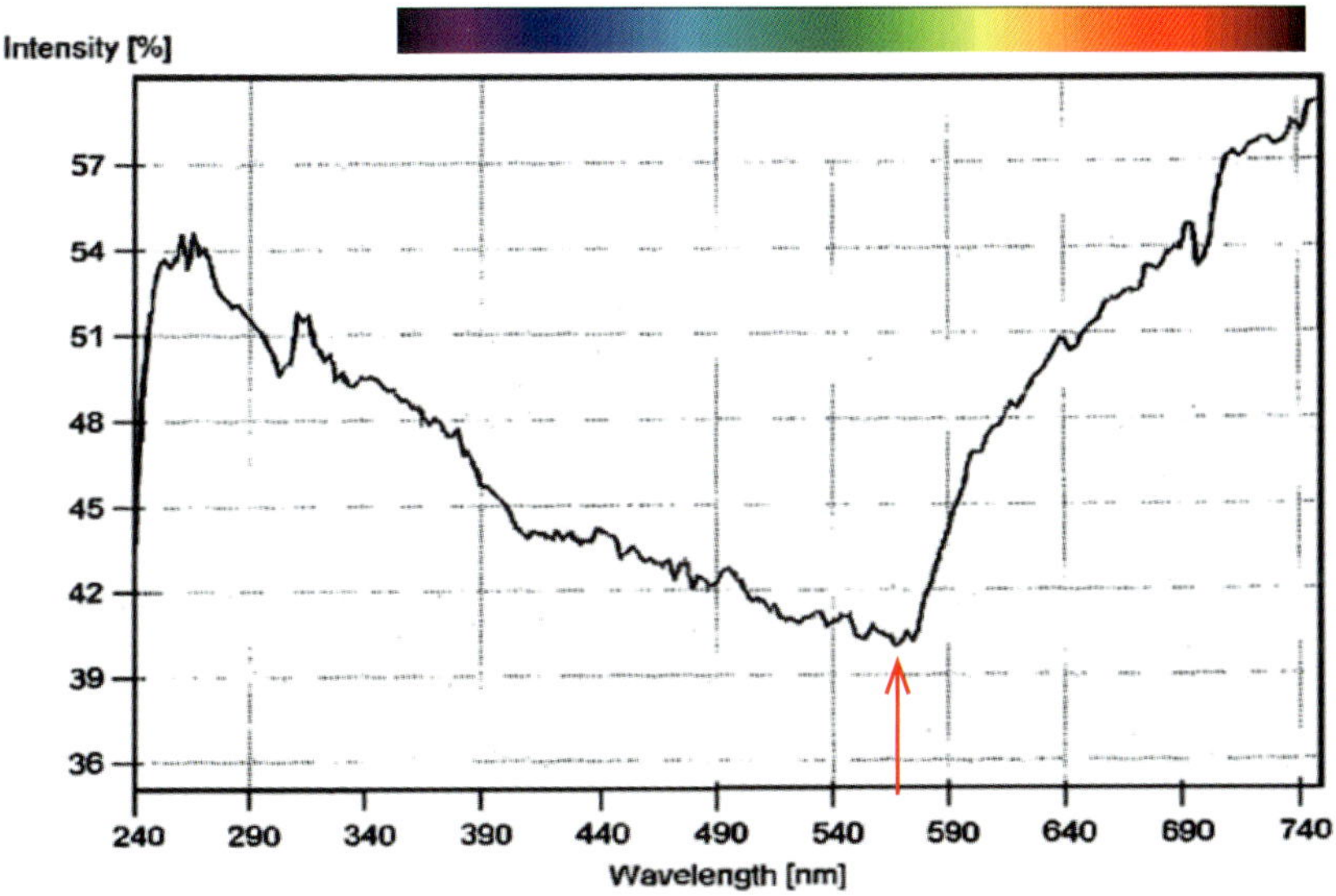

図７　鑑定資料２の赤外分光スペクトルの色の吸収（口紅）

緑G--->ピンクM

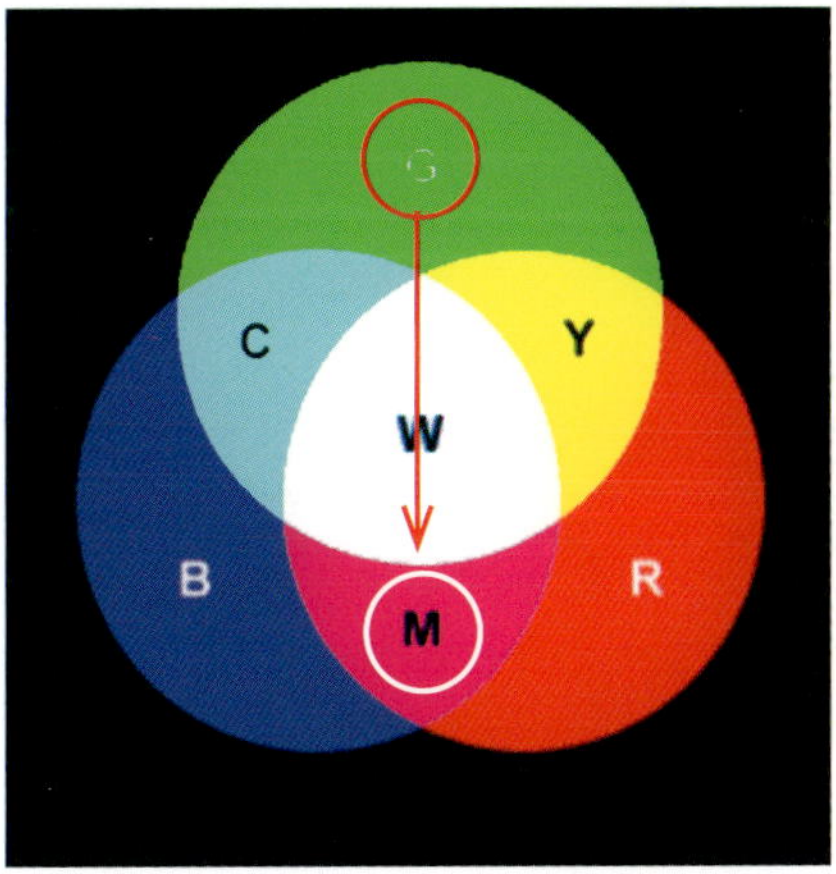

図８　Gの吸収により補色のMピンクが発色する。

解説

一　石原昌人ほか作成平成二一年四月三〇日付鑑定書の問題点

検察側は、石原昌人ほか作成の平成二一年四月三〇日付鑑定書（以下「石原鑑定書」という）を提出した。本小川鑑定書では、異なる方法を使用したので、結論が反対となった。中でも身長の鑑定では、その差は著しい。

石原鑑定書では、身長を求めるのに、被害者女性の身長（一五〇センチ）をその頭部頂上で計測し、あるいは金庫の天板高さ（一七六センチ）で求めている。

この方法から犯人の身長を出すのは、以下の問題がある。

第一に、超広角レンズでは長さは一様に圧縮されず、高さは比例しない。第二に犯人の位置の解像度が悪く、はっきりせず、超広角レンズの効果もあり、奥行きが縮んでいる。また恣意的に足の位置をごまかしている。これにより、任意の身長を算出することができる。さらに、屁理屈のように、帽子による誤差、靴の高さによる誤差で、さらに身長は低いと推定している。実際には帽子の誤差は数ミリもなく、足を開いており、一〜二センチ低くなる。そうすると、こうした誤差は相殺され、頭の位置を正確にとらえれば、身長の推定は精度が上がることが期待される。

本小川鑑定では、超広角レンズの画像では、空間角度は同じ割合で圧縮されているので、レンズからの俯角を実際に求めて、画像の中の角度を同定する方法を採用した。これにより、犯人の足の位置が動こうとも頭の位置を正確にとらえれば、身長が同定できる。特に写真4、5は基準となる女性がほぼトイレの壁に張り付き、直立状態であるので、金庫と合わせて、内挿し、身長を精度よく求められた。写真3では、足の開脚で二センチほどの差が写真4、5より出た。いずれも位置の差は少なく、一六〇センチという値が平均として導出された。画像の解像度は、犯人の頭部で一画素あたり七ミリであり、これが誤差として含まれる。

石原鑑定書の最大の誤りは、超広角レンズの欠点である、画像中の長さは比例しないという性質を完全に無視した点である。この限りで誤差が大きく、犯人の身長を推定することに失敗したといえる。

二　橋本鑑定書の問題点

橋本鑑定書では、本文で指摘したように言葉による定性的な判別にとどまっており数値による定量的な判別がなされていないことのほか、以下の問題点を指摘することができる。

まず石原鑑定書と同様に、犯人の身長の推定について超広角レンズの特性を無視し、画像から一五五センチ前後と推定している。その推定についても、「被害者の身長より僅かに高い」という画像からの当て推量に過ぎないものとしか考えられず、石原鑑定書以上に問題がある。

次に、定性的な比較をするのにも、防犯ビデオの解像度を無視した比較を行っており、この点でも問題がある。防犯カメラ5の解像度は一画素あたり四ミリであり、防犯カメラ3の解像度は一画素あたり七ミリである。これ以下の大きさの物は画像に正確には再現されておらず、その判別は基本的に画像からはできない。

裁判員裁判

二〇一一年八月二三日〜九月七日、裁判員制度に基づく公判が連日集中的に開かれた。八月二九日、橋本正次の尋問が二時間二〇分行われた。九月一日、小川進の尋問が五時間一〇分連続して行われた。橋本正次は例により、東大の卒業生でもないのに、東大で聴講し、研究生をしていて、現在は教授であることを強調した。東大での聴講と研究生は誰でもお金さえ払えば可能である。学歴とは言えない。橋本はあくまでも東邦大学理学部生物学科卒業が最終学歴である。裁判員に対する印象では、東大の卒業生で、東大で博士号を取得したとの印象を与えた。博士号は東京歯科大学同僚による内部審査で取得した「歯学博士」であって、東大の人類学教室とは無関係であり、その審査対象も同大学の年次報告書である。さらに「私には見える」と低解像度の画像に対して、耳の特徴点を挙げた。残念ながら、弁護側から致命傷を与えることはなかった。総勢三六人の証人調べを連続九日間で終えるスピード結審であった。最長の尋問が小川進に対する五時間一〇分であった。

こうして、那覇地裁は九月一六日判決を下した。懲役八年の実刑である。

「弁護団は福岡高裁那覇支部に即日控訴と保釈を申請した。判決理由で、犯行現場の防犯カメラ画像の犯人と被告の外見的特徴が一致している他、被告の車から押収したモデルガンの空き箱にある写真と、犯人が所持していた拳銃様のものは矛盾しない形状で、被告の犯人性を推認させるとした。さらに、被告宅から押収された上着が犯人の物と同一である可能性が極めて高く、右袖部分に付いた唾液から被害者のＤＮＡが検出されており、鑑定も信頼できるとした。弁護側が、犯人と被告の身体的特徴やモデルガンの形状が違うこと、ＤＮＡ鑑定が捏造されたとする主張は認められず、アリバイに関する被告や近親者の供述は『信用できない』とした。その上で、悪質な犯行態様と結果の重大性から相当期間の実刑は免れないとした。判決を受けて那覇地検の平光信隆次席は『地検の主張立証が全て認められた』と述べた。県警の古波蔵正刑事部長は『県警が積み重ねた捜査や物的証拠、鑑定が評価された結果だ』とコメントした」（琉球新報二〇一一年九月一七日）

まさに裁判員制度の弱点をもろに出した冤罪判決であった。沖縄の裁判員には、一人として科学論争は理解できなかったであろう。衣類に残るＤＮＡは腐敗し、満足な鑑定はできなかった。

控訴審で証拠開示により、ガスマス*の結果が出てきて、赤い色素が塗料であることが判明した。口紅は完全なでっち上げだった。現場に残された指紋も足型も、防犯カメラが示す身長も、犯人とは異なる被告を力づくで自白させ、被告を有罪になるべく証拠の作為により作り上げられた冤罪事件である。その後、控訴審が開始され、赤嶺武さんは保釈されるも、現在（二〇一四年八月）にいたるまで審議は停止したまま、再開の見込みはない。

＊ガスマス：ガスクロマトグラフ質量分析計、有機物の微量測定器。科捜研の試験では可塑剤であるジブチルフタレートが検出されていた。つまり、赤色化合物は口紅ではなく、塗料であった。科捜研は知っていて、情報を握りつぶした。

補足1：スーパーインポーズ法による犯人と被告の異同。

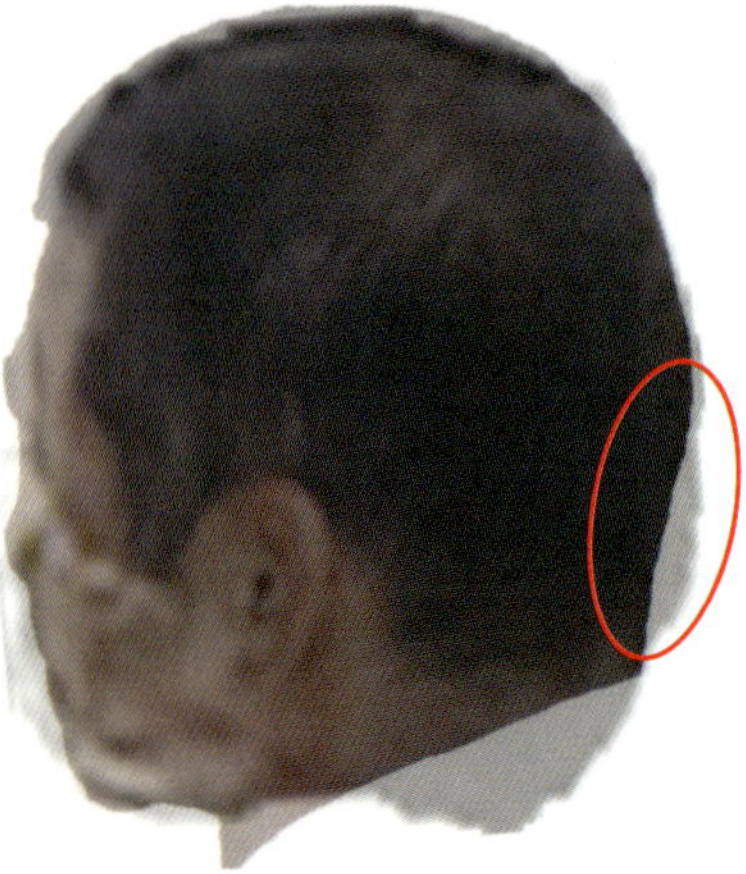

写真A1　左側頭部のスーパーインポーズ（楕円内の形態が異なる）

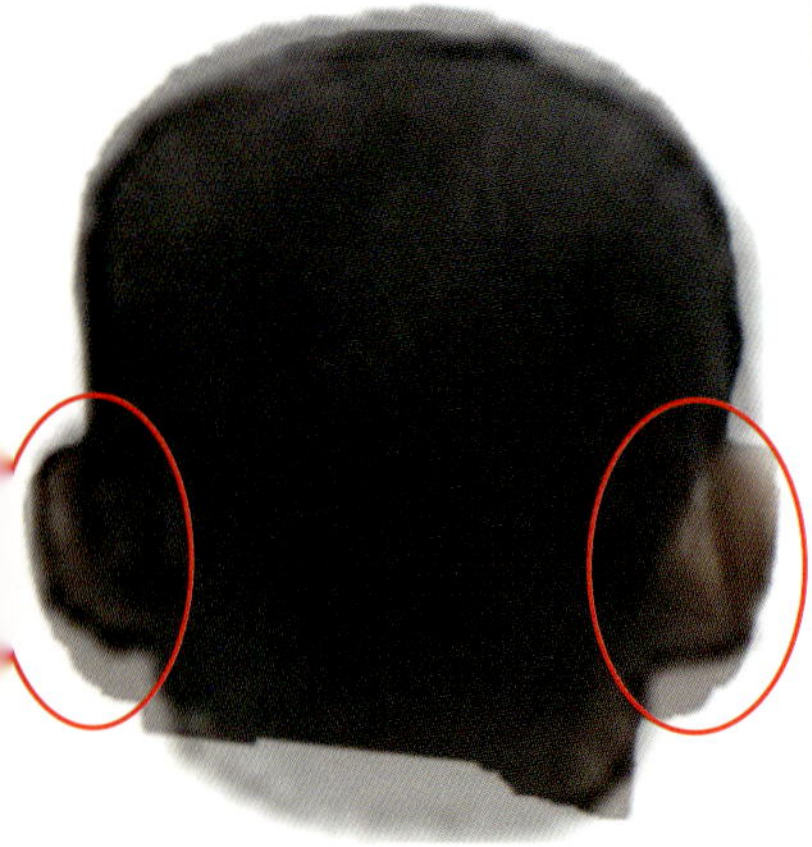

写真A2　後頭部のスーパーインポーズ（楕円内の形態が大きく異なる）

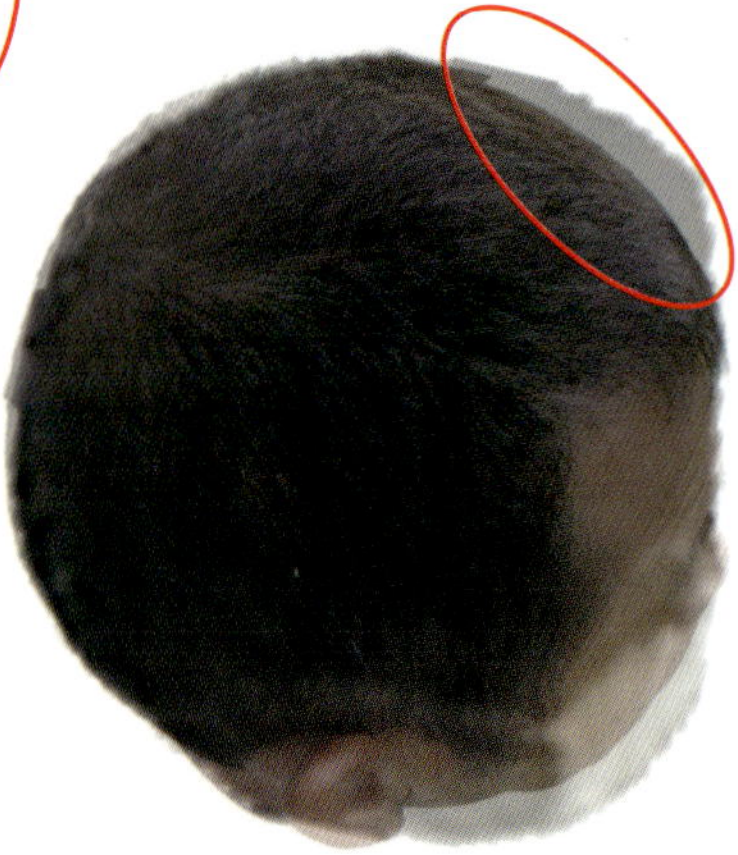

写真A3　右側頭部のスーパーインポーズ（楕円内の形態が異なる）

補足２：耳の一致度

耳の形態の差は、形状係数を鑑定書中で算定したが、画像解析では、差画像で検討できる。スーパーインポーズでは、頭部の特徴点をみるが、差画像では一致度が計算できる。以下に差画像とその一致度を示す。一致度が72%であることが算定される。

図A1　犯人の耳（上）、被告の耳（中）とその差画像（下）

被告の耳の面積の72%（右図の紫色の部分）が一致しているにすぎないことが算定される。被告の耳の輪郭にはS字曲線も現れているが、犯人の耳には明瞭なS字曲線がない。

表1　裁判の主な諸点

犯罪発生地点	沖縄県南風原町宮平サンシャイン
犯罪発生時期	二〇〇九年四月一六日午前一〇時六分
弁護人	岡島実弁護士
検察側鑑定人	橋本正次東京歯科大学教授
弁護側鑑定人	小川進長崎大学大学院教授

【参考文献】


山口正紀、沖縄・南風原強盗冤罪事件、冤罪ファイル、№一〇、二〇～三二頁、二〇一〇年。

木谷明、佐藤博史、岡島実、『南風原事件、DNA鑑定と新しい冤罪』現代人文社、二二七頁、二〇一三年。

馬場悠男、金澤英作共編、『顔を科学する』ニュートンプレス、一三八～一七八頁、一九九九年。

橋本正次、『犯罪科学捜査』宝島新書、一九一頁、二〇〇〇年。

東京歯科大学、東京歯科大学年報、二〇〇八年。

東京歯科大学、東京歯科大学年報、二〇一〇年。

橋本正次、鑑定書、二〇一〇年一月五日。

小川進、鑑定書、二〇一〇年一〇月一九日。

小川進、鑑定書二、二〇一一年三月二九日。

第3章　法政大学器物破損事件

事件の経緯

二〇〇六年三月一四日、自治会を巡る法政大学当局と中核派活動家およびそのシンパとの間の長年の確執から、当局が巨大看板を撤去する際にそれを妨害した容疑で当局が警察を導入し、二九名の学生の逮捕を行った。以後、対立が続き、本件が起こった。二〇〇九年二月一九日午前零時、掲示板損壊事件に関して、「暴力行為等処罰ニ関スル法律」違反容疑で学生ら九人が逮捕された。内訳は全学連委員長、法政大学の学生四名、同大学を除籍になった者二名、退学処分を受けた者一名が逮捕され、さらに、翌一六日にも同大学の通信教育課程に学籍を有する者が同じ容疑で逮捕された。ここで証拠として使用されたのが、防犯カメラの画像であった。またしても、橋本正次が鑑定人として登場し、見えない画像を見えると鑑定した。

鑑定の依頼

当時、筆者は立教大学教授実松克義との名誉棄損の裁判を争っていた。四〇年近い付き合いの知人の弁護士が死期の近いこともあり、東京で最も優秀な弁護士として紹介されたのが藤田正人弁護士であった。その後、一審、控訴審、最高裁とすべて勝訴した。相手方の実松克義はおそらく五年間で一〇〇〇万円近い散財をしたであろう。とにかく勝率が際立って高い弁護士であったが、その風体は相当ひどいものであった。

二〇一〇年三月一九日、その藤田弁護士から鑑定の依頼があった。

「現在、法政大学での学生運動弾圧事件の弁護を担当していますが、検察側から、被告人と犯人の同一性立証のために、防犯カメラの映像が証拠として提出されています。そして、証人として出廷した職員・知人・公安刑事らが、映像に映っている人物は被告人であるなどといった証言をしています。弁護側としては、防犯カメラの映像が荒く、深夜で暗く、また、動画ではなく静止画（一秒一～三コマ）であることなどを理由に、これら映像で同一性立証は不可能であることを主張・立証できないかと考えています。つきましては、鑑定等によってご協力いただけませんでしょうか？　一度、具体的にご相談にのっていただく機会を作っていただければ幸いです。ご検討ください」

一九九八年～二〇〇四年、法政大学工学部で非常勤講師を行っていたが、まさか法政大学が中核派を追い出すために、警察と一体になって、冤罪事件に加担しているとは、驚いた。法政が冤罪事件とは、信じがたかった。

見えない画像

二〇一〇年四月八日、弁護士会館で最初の打ち合わせが行われた。実に些細な事件で中核派活動家と学生を逮捕していることが分かった。玄関に張られた紙の掲示物を破り、逮捕されたということだ。罰金五〇〇〇円ということで、鑑定よりも罰金を支払った方が安いだろう。画像の鑑定だと、実費だけでも一〇万円かかる。それ以上でないと、確実に赤字を出す。深夜一二時を示す画像は全く識別不能であった。当時は知らなかったが、見えない画像を見えると鑑定したのが、橋本正次であった。こんな人間と法政大学は一体となり、中核派を弾圧しているのか。まるで悪魔と握手をしたようなものである。学長は何を考えているのだろう。いくら中核憎しとはいえ、大学は法や正義を標榜しなければおしまいだろう。冤罪に加担して、法や正義が教えられると思っているのだろうか。

同時に沖縄の南風原事件の鑑定が始まった。打ち合わせに同席した弁護士から沖縄の岡島実弁護士にメールが送られたためである。

本件は一審、控訴審ともに勝訴し、無罪が確定した。冤罪に加担した法政大学が負けたのである。橋本鑑定書は完全に否定された。

鑑定書

鑑定内容

藤田正人弁護士から受領したＤＶＤ三枚（以下、本件ＤＶＤという）に記録された防犯カメラの画像から個人識別ができるか、否かについて鑑定した。

はじめに

本件ＤＶＤには法政大学市谷キャンパスの防犯カメラにより記録された画像（以下、本件画像という）が記録されており、検察官はこれを犯人特定のための証拠として提出し、証人がその中の一部の画像を選択し、その画像内の人物を識別して個人特定をする証言を行ったとのことである。そこで、藤田正人弁護士の依頼により、これらの画像から個人識別が可能かどうか、鑑定を行った。

個人識別に使用されるカメラ画像は、正面、充分な明るさ、高解像度、画像歪のないレンズであることが必要とされる。その詳細については、本鑑定書中「個人識別における顔認証について」で解説するとおりである。

ところが、本件画像はいずれも、正面画像が少なく、夜間であり、低解像度、画像歪のある広角レンズであった。この条件で個人識別が可能であるかどうかが争点となる。解像度とは、画像を構成する画素（ピクセル）の大きさであり、高解像度とは画素の大きさが小さく、細部までが明確に見える画像であり、低解像度とはピンボケのような細部がはっきりしない画像である。画像歪とは広角レンズや魚眼レンズで見られる現象で、実際よりも細く、小さく、歪んだ画像となる。これは、防犯カメラ一般に起こる現象であり、冤罪事件を生む最大の原因である。太った大男が痩せた小男に変わるのである。

方法

本件画像より、証人によって選択された画像を切り抜き（写真1～10）、識別に使用する顔の部分を切り出した。参考までに画像を拡大したが、鮮明さはないことが確認された。これにより個人識別に必要な目鼻口の特徴を捉えられるかを鑑定した。その他の特徴についても鑑定を試みた。

結果

写真11に法政大学文化連盟のホームページより、新井拓の顔写真を示す。写真12には、本件画像より証人が新井拓と推定した顔の三画像を示す。正面を向く顔は一つもなく、解像度も一センチを超えており、判別不能である。同じ防犯カメラにより記録された画像については、警視庁科学捜査研究所物理研究員宮﨑靖之作成にかかる平成二一年一二月二日付鑑定書が作成されており、これによれば、外濠校舎入口の防犯カメラの縦方向の解像度は一・四二センチとされており、多少の誤差を見込んでも、左一枚の縦方向の解像度は同様に約一・四二センチと考えられる。ほか二枚も同様の低い解像度である。また左一枚だけが照明下で、残り二枚は照明なしの夜間撮影である。ただし髪型からは男性であると推定される。写真11と12を見ても同一人物には見えない。

写真13に同大学文化連盟ホームページより、増井真琴の顔写真を示す。写真14には、本件画像より証人が増井真琴と推定した顔の三画像を示す。照明なしの夜間撮影で、解像度は同様であるが、顔の識別の特徴は全くない。したがって識別不能である。ただし髪型からは男性であると推定される。写真13と14を見ても同一人物には見えない。

写真15に同大学文化連盟ホームページより、織田陽介の顔写真を示す。写真16には、本件画像より証人が織田陽介と推定した顔の二画像を示す。照明なしの夜間撮影で、解像度も同様で、顔自体の識別が困難である。したがって識別不能である。ただし髪型からは男性であると推定される。写真15と16を見ても同一人物には見えない。

写真17に同大学文化連盟ホームページより、内海佑一の顔写真を示す。写真18には、本件画像より証人が内海佑一と推定した顔の三画像を示す。照明なしの夜間撮影で、解像度も同様である。正面付近を向いた画像があるが、目はつぶれ、鼻口もはっきりしない。したがって識別不能である。ただし髪型からは男性であると推定される。写真17と18を見ても同一人物には見えない。

写真19に同大学文化連盟ホームページより、恩田亮の顔写真を示す。写真20には、本件画像より証人が恩田亮と推定した顔の四画像を示す。すべて斜めの方角を向いているが、ひたいが広いという特徴しかない。目鼻はつぶれている。したがって、識別不能である。ただし髪型からは男性であると推定される。写真19と20を見ても同一人物には見えない。写真19では、ひたいは広くなく、全く正反対の結果となる。

以上、共通して、本件画像は暗く、解像度が低く、特に正面画像がないため、通常の目鼻口よる個人識別を行うことは不可能である。髪型もはっきりしない。単に男女の区別を推定することが限度である。一般的に、夜間の低解像度の画像では個人識別は基本的に不可能である。個人識別に利用しうる画像の条件は、正面、昼間、高解像度のものに限られる。

考察

以上のように、一般的にも、夜間、防犯カメラにより撮影された画像では、個人識別は本質的に不可能であることがわかる。本件では対象すべき顔画像も提出されていない。にもかかわらず、本件画像やこれによって個人識別を行った証人の証言を根拠に犯人特定を行うとすれば、冤罪事件を誘発

写真1a　甲1号外濠0:13:26（新井拓とされる画像）

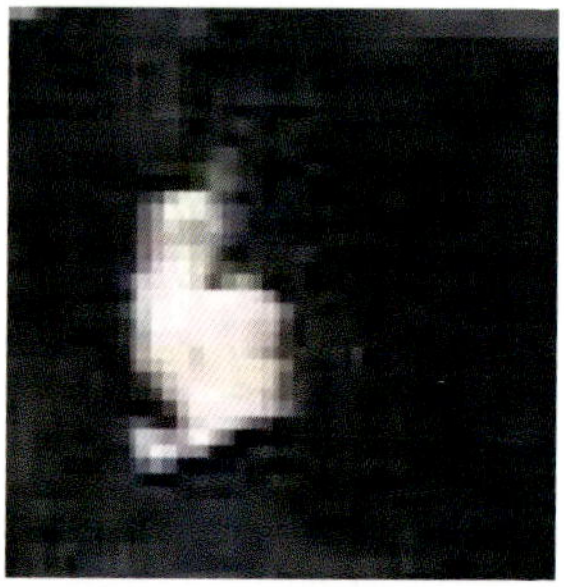

写真1b　拡大画像（新井拓とされる画像）

写真2a　外濠0:13:33（増井真琴とされる画像）

写真2b　拡大図（増井真琴とされる画像）

写真 3a　外濠 0:13:45（増井真琴、織田陽介、内海佑一とされる画像）

写真 3b　拡大画像
（増井真琴とされる画像）

写真 3c　拡大画像
（織田陽介とされる画像）

写真 3d　拡大画像
（内海佑一とされる画像）

写真4a　外濠0:13:49（恩田亮とされる画像）

写真4b　拡大画像（恩田亮とされる画像）

写真5　BTエントランス西0:18:49（内海佑一、恩田亮とされる画像）

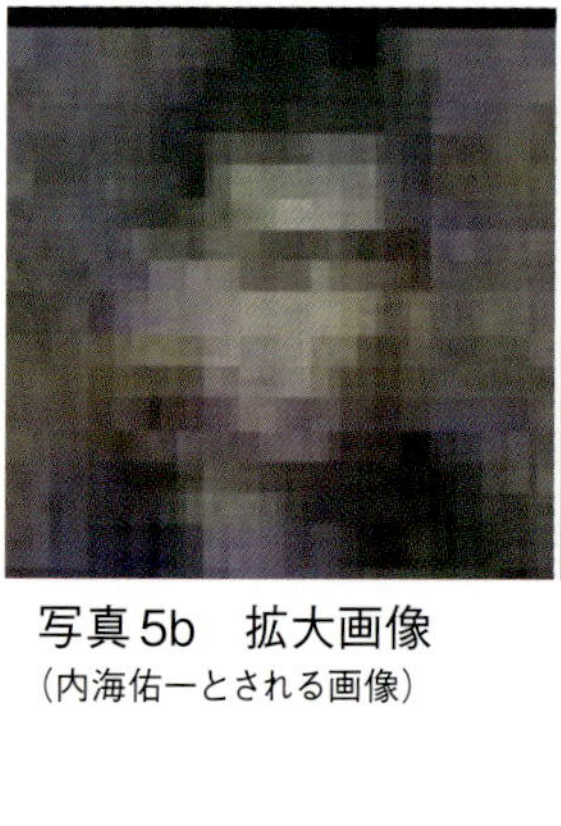

写真5b　拡大画像
（内海佑一とされる画像）

写真5c　拡大画像
（恩田亮とされる画像）

写真6a　BTエントランス西0:18:49（内海佑一、恩田亮とされる画像）

写真6b　拡大画像
（内海佑一とされる画像）

写真6c　拡大画像
（恩田亮とされる画像）

写真 7a　BT 高所 0:14:33（増井真琴、織田陽介とされる画像）

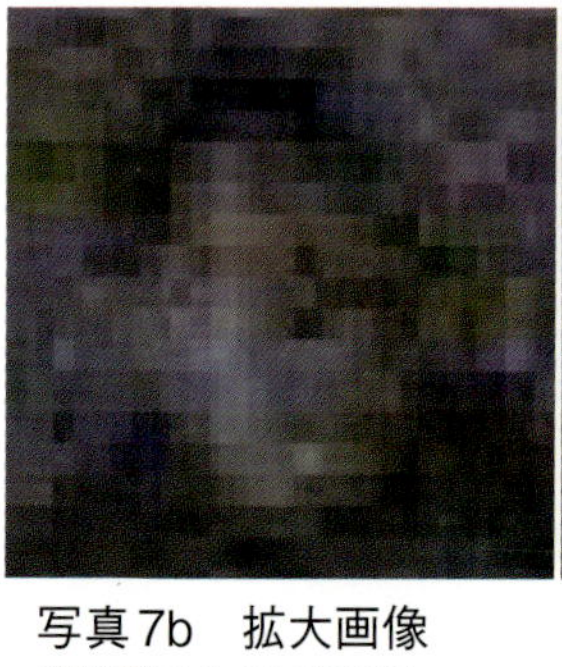

写真 7b　拡大画像
（織田陽介とされる画像）

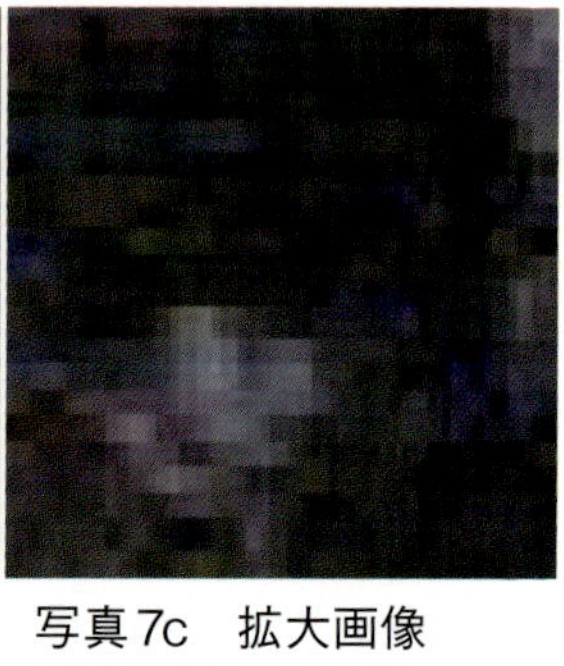

写真 7c　拡大画像
（増井真琴とされる画像）

写真8a　BT高所0:14:53（新井拓とされる画像）

写真8b　拡大画像
（新井拓とされる画像）

写真9a　BT高所0:14:53（新井拓とされる画像）

写真9b　拡大画像
（新井拓とされる画像）

写真10a　BT高所0:14:58（恩田亮とされる画像）

写真10b　拡大画像
（恩田亮とされる画像）

写真11　新井拓の顔写真（法政大学文化連盟ホームページより）

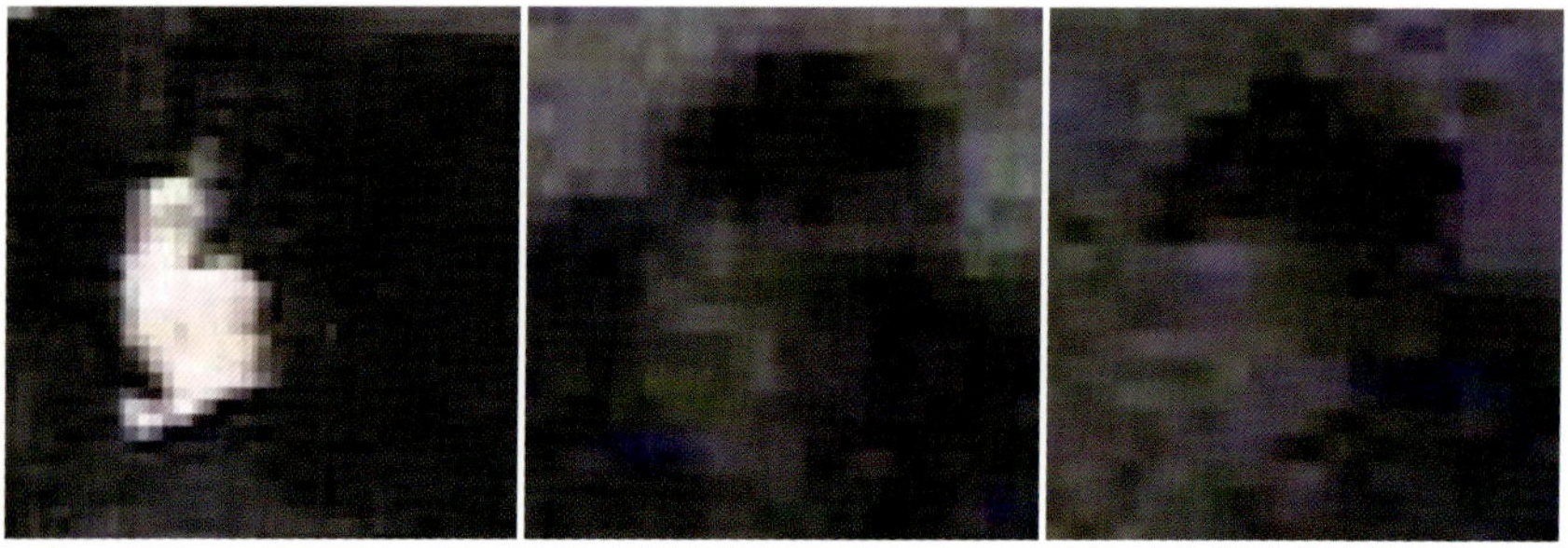

写真12　新井拓とされる画像（写真1b、8b、9b）

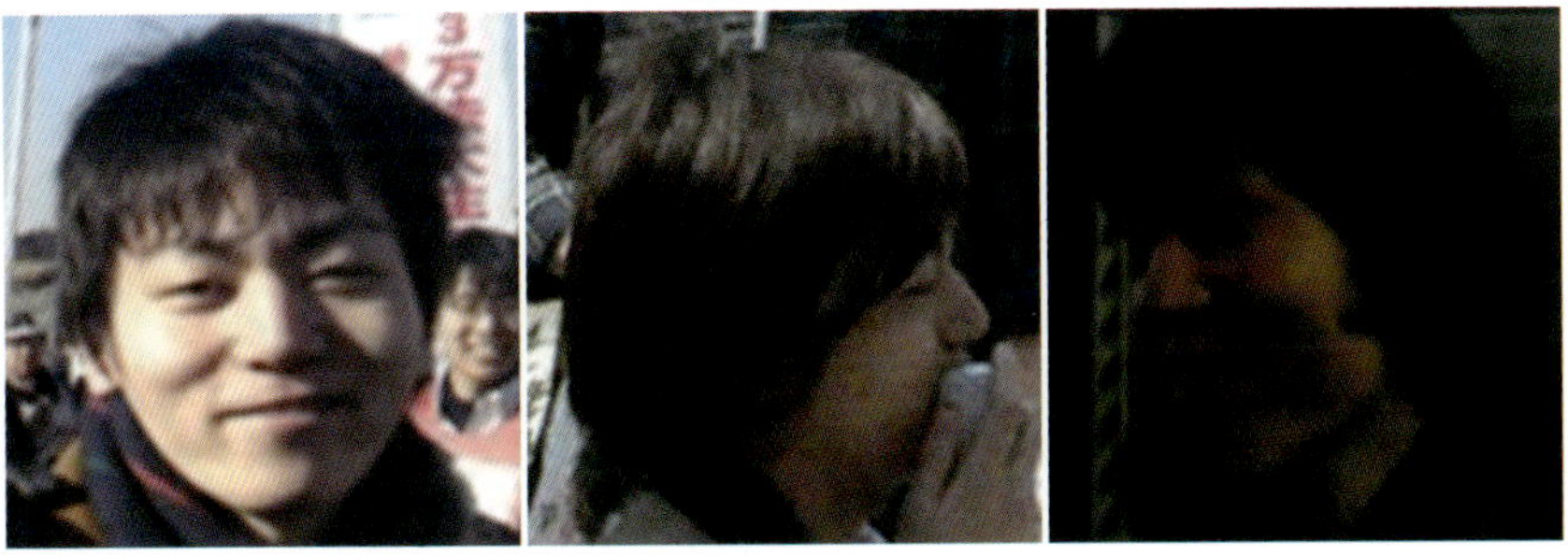

写真13　増井真琴の顔写真（法政大学文化連盟ホームページより）

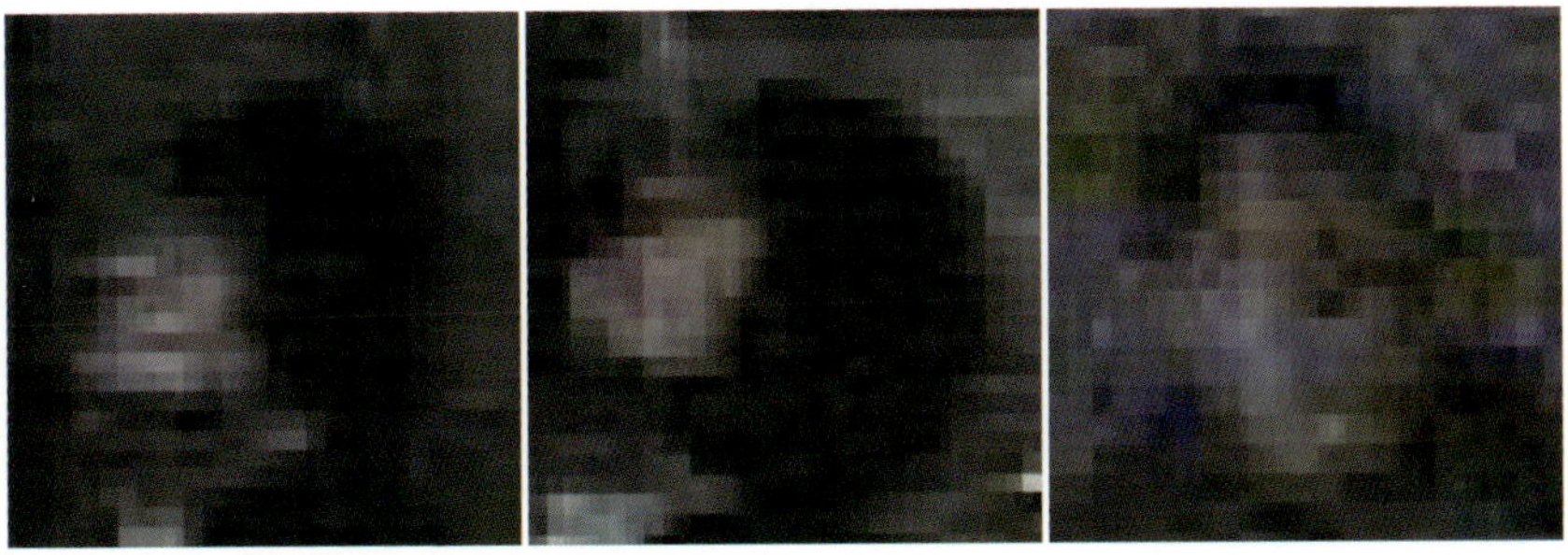

写真14　増井真琴とされる画像（写真2b、3b、7b）

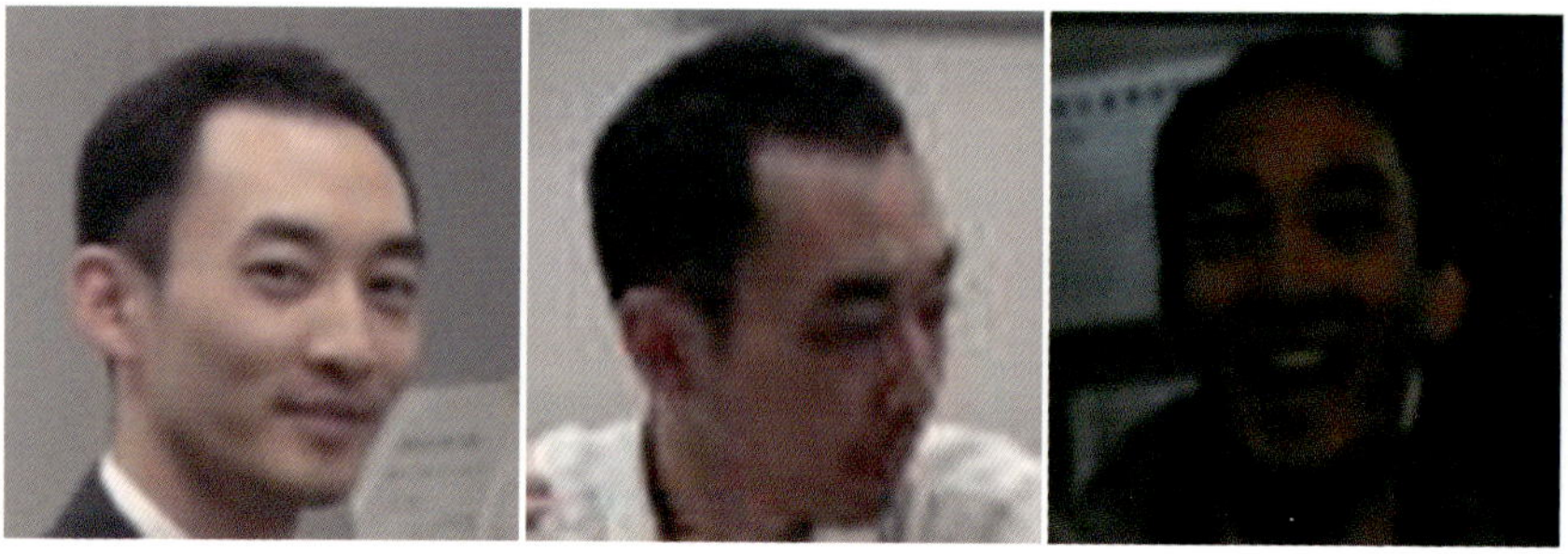

写真15　織田陽介の顔写真（法政大学文化連盟ホームページより）

写真16　織田陽介とされる画像（写真3c、7c）

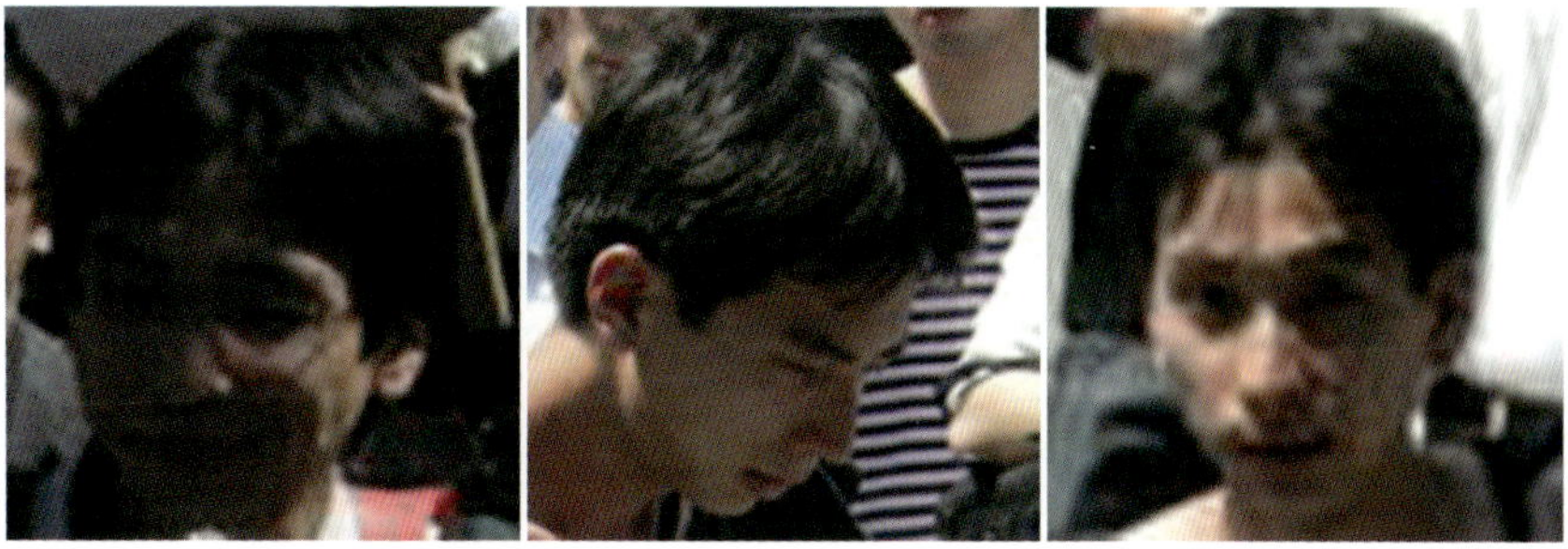

写真17　内海佑一の顔写真（法政大学文化連盟ホームページより）

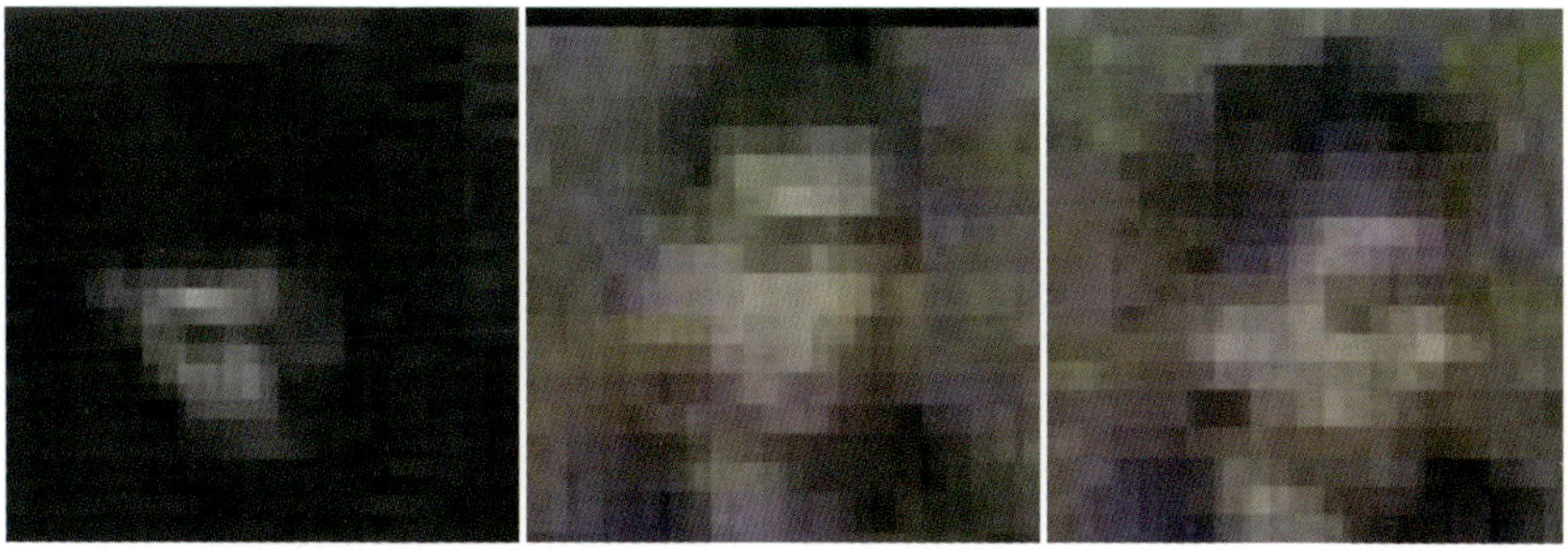

写真18　内海佑一とされる画像（写真3d、5b、6b）

写真19　恩田亮の顔写真（法政大学文化連盟ホームページより）

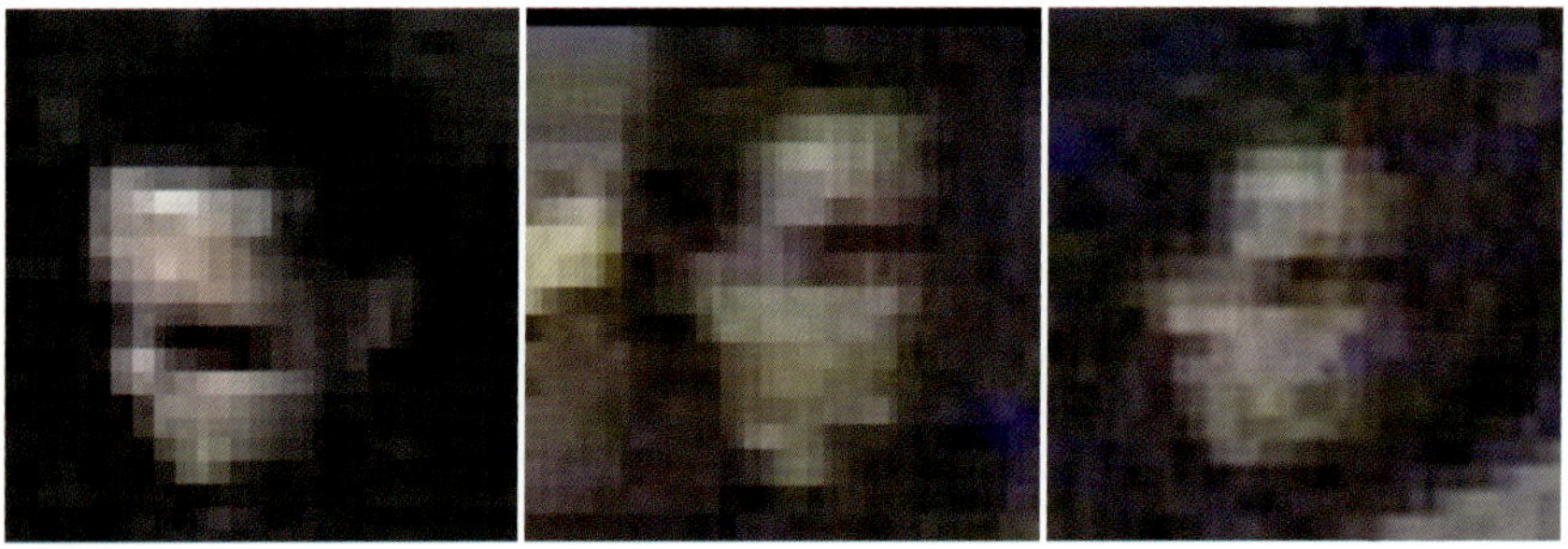

写真20-1　恩田亮とされる画像（写真4b、5c、6c）

写真20-2　恩田亮とされる画像（写真10b）

していると言わざるを得ない。目鼻口の判別が個人識別の基礎であり、学問的な根拠である。検察官は本件で防犯カメラによる極めて強引な立証を試みているといえる。

結論

画像鑑定の結果、以下の結論となる。

個人識別に用いる画像の基本は、正面、昼間、高解像度のものに限られる。さらに、比較対照する個人の画像も提出しなければならない。

解像度が低く、正面画像がなく、夜間撮影の本件画像では個人識別は不可能であり、単に男性であることしか推定できない。しかも、各被告人の顔画像すら示されていない。本件画像からは、個人識別に必要な目鼻口耳の形態が全く判別できず、髪型も眼鏡の有無も判別できない。

こうした個人識別のできない画像を証拠として逮捕・起訴したとすれば、きわめて強引な客観性のない非科学的な捜査手法を行使したといえる。

以上、本件画像では個人識別をすることはできず、これを証拠として犯人を特定することはできない。

個人識別における顔認証について

目、鼻、口、耳という顔の特徴を画像で記録し、個人識別に使用する方法を顔認証という。この場合、原画像が正面、昼間、高解像度で作られる必要がある。それに対し、対象とする画像もまた、同様に正面、昼間、高解像度で撮影されて初めて、識別ができる。本件では、防犯カメラの画像は、こうした要件を一つも満たしていない。これでは、個人識別など現在の技術でもできない。防犯カメラの画像は特に夜間では、判読不能につぶれている。

にもかかわらず、強引に識別を根拠も示さずに警視庁は行っている。下に示すように、目鼻口耳のいずれも判読不能の画像である。なお、低解像度の画像は、いかに拡大しても鮮明な画像は得られない（下写真参照）。

写真9b　警察により新井拓とされる画像

写真11　実際の新井拓の顔写真

控訴審鑑定書抜粋（二〇一二年三月二〇日提出）

1　はじめに

橋本正次氏の鑑定書に対する反論を行う。ここでは、まず橋本氏の過去の鑑定と経歴について触れ、特に那覇地裁に提出された鑑定書と同陳述の問題点について述べる。次に、低解像度の画像からは個人識別に必要な特徴点は得られないことを理論と実際から述べる。さらに鮮鋭化による画像の改善では解像度を上げることはできず、したがって、個人識別の特徴点は得られないことを述べる。最後に橋本氏の鑑定の致命的な欠陥である「定性的な」議論が無意味であることを述べる。すなわち、科学は数値による評価が絶対であり、文学的表現による「可能性が極めて高い」「明らか」といった修飾が無意味であることを述べる。最後に結論を述べる。

2　橋本氏の過去の鑑定

那覇地裁において、同氏が鑑定を行い、陳述した刑事事件では被告人を犯人とする鑑定を行い、有罪としたが、控訴審で被告人は保釈され、審議が止まっている。小川鑑定人は、この件では被告人の無罪を主張した。同件は冤罪事件として、すでに新聞報道がなされている（沖縄タイムス、琉球新報）。同氏の鑑定は、犯人と被告人の顔を「文学的表現」により、「定性的」な個人識別を行い、犯人と断定している。小川鑑定人は、科学的な計算による「数値」から耳、身長などを「定量的」に判別し、犯人ではないと鑑定した。特に検察が指摘した被告人の衣服の赤色付着物に対し、検察側が被害

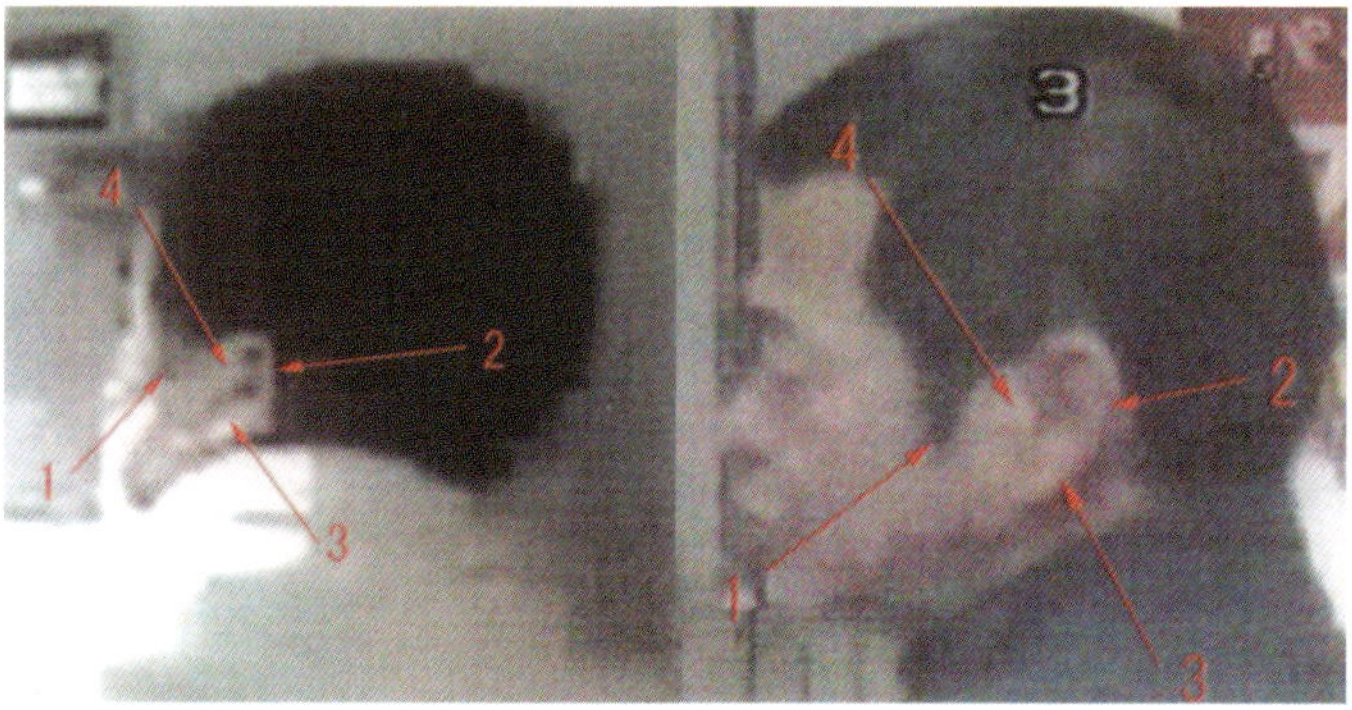

写真1　那覇地裁に提出された橋本鑑定書では、犯人（左）と被告人（右）の耳の類似点を4点定性的に指摘した。

図1　那覇地裁に提出された小川鑑定書では、犯人の耳（左）と被告人の耳（右）との相違をシルエットとして示し、それぞれの形状係数が0.47と0.39と異なり、定量的に別人であると指摘した。

者の口紅と判断したことに、小川鑑定人は証拠の赤外スペクトルから赤色の塗料と推定したが、後に被告弁護人による情報開示請求から検察側証拠の中に塗料を示す物質が発見された。同件は冤罪事件であることが確実になっている（冤罪File、沖縄タイムス、琉球新報）。

3　低解像度の画像からは特徴は得られない

本件では、防犯カメラの画像は低解像度で、個人識別の特徴を抽出できない。すなわち、識別に必要な㎜単位の解像度がなく、㎝単位の低解像度で、目鼻口耳の特徴を定量的に推定できない。人間であれば顔の「部品」は概形が共通しており、低解像度の画像ではそれらはすべて長方形となり、全く判別できない。二つの画像を重ねるスーパーインポーズ法を尤もらしく使用しているが、それこそ茶番である。類似度試験を実施すべきである。

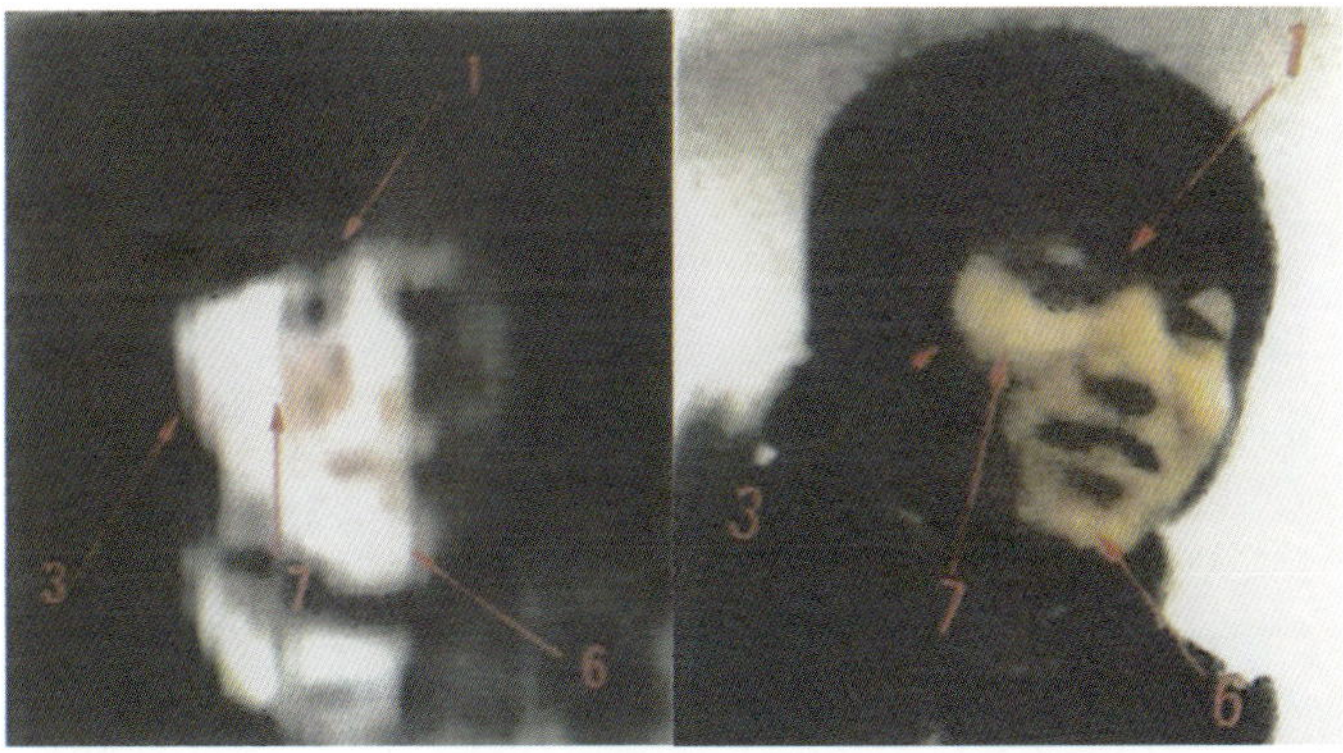

写真2　本件橋本鑑定書に使用された防犯カメラ画像（左）とスナップ写真（右）。強引に特徴点を挙げているが、低解像度と明度の不足で同一人物と判断できない。橋本鑑定書では、類似度試験は実施していない。

4　鮮鋭化では解像度は上がらない

コンピュータソフトで、画像処理を試みているが、鮮鋭化したことにより、特徴を抽出することは基本的にできない。コントラストをいかに調整しても白色が灰色になるだけであり、目の形は変わらない。低解像度画像では、目鼻口耳はすべて長方形である。解像度を高くすることは一般にいかなる画像処理でもできない。要するに、解像度が低い画像はすでに重要な情報を失っているのであり、消えたものが「復元」されることはない。なお画像処理の分野では、「鮮明化」、「鮮鋭化」は同意である。

5　定性的な議論は意味がない

橋本鑑定人は、文学的表現ともいうべき、「明らかな」「可能性が極めて高い」という表現を根拠なく多用する。そうして無実の人を有罪に導いている。似ているということは根拠にならない。同一であるならば、統計的に類似度試験を実施すればよく、数値により「類似

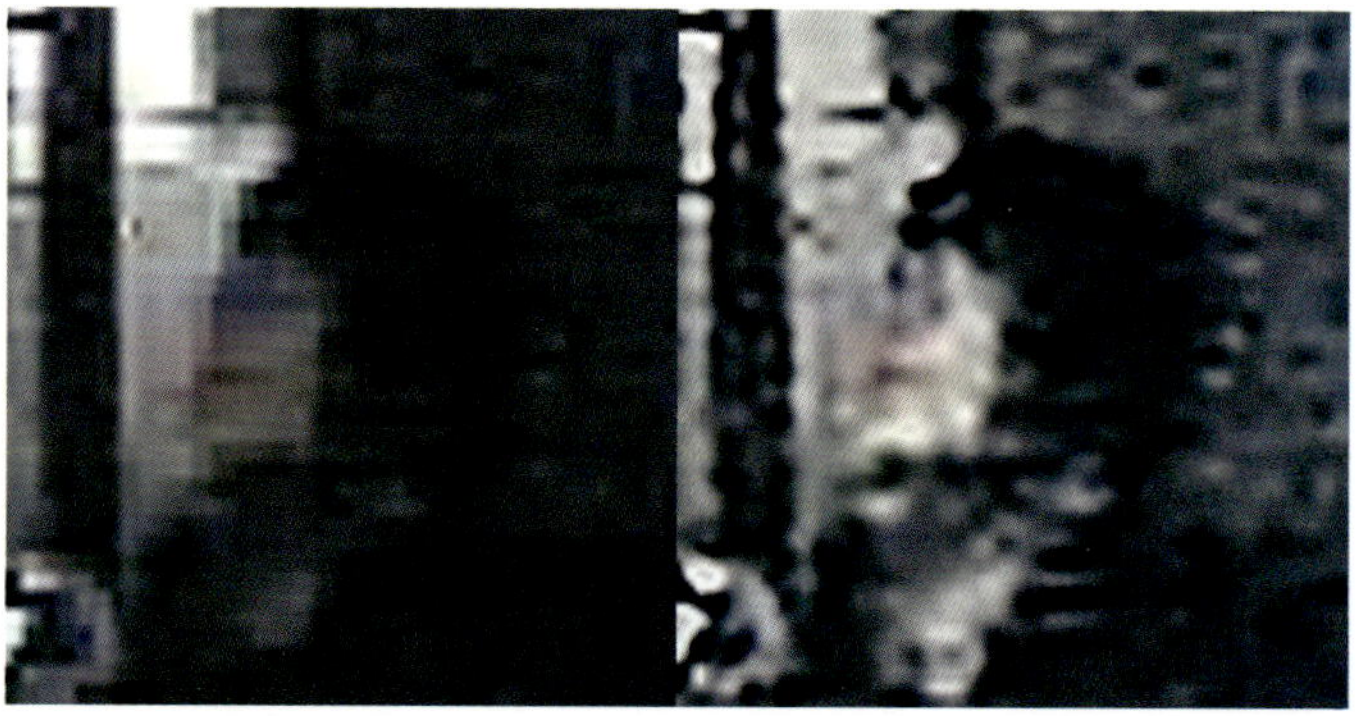

写真３　橋本鑑定書に使われた画像の鮮鋭化の事例。低解像度の暗い画像(左)はいかなる処理でも解像度は変わらない(右)。したがって、失われた顔の特徴は再現できない。

度」を算定すべきである。どこまでも主観で判断している点が問題である。自然科学における根拠とは「数値」で示される「実体」であって、主観ではない。長方形の目や鼻や口をとらえて、「明らか」でも「可能性が極めて高い」ことにはならない。橋本鑑定人は沖縄の事件では数値化は不可能であると陳述している。小川鑑定人が数値を示したにもかかわらず、である。

6　結論

以上の観点から、橋本鑑定書は信頼できず、否定すべきと結論する。

表1　裁判の主な諸点

犯罪発生地点	東京都千代田区富士見町法政大学市谷校舎
犯罪発生時期	二〇〇九年二月一九日午前零時
弁護人	藤田正人弁護士
検察側鑑定人	橋本正次東京歯科大学教授
弁護側鑑定人	小川進長崎大学大学院教授

【参考文献】
小川進、鑑定書、二〇一〇年九月一四日。
橋本正次、鑑定書、二〇一二年九月一一日。
小川進、鑑定書、二〇一三年三月二〇日。

第4章　渋谷暴動事件

事件の経緯

一九七一年一一月一四日、沖縄返還協定の国会批准を阻止すべく、中核派は代々木八幡駅から渋谷駅に向けてデモを行った。一五：一三に代々木八幡駅を出発した。五列各六人の三〇人の戦闘部隊とデモ隊からなる集団は、学生を自称する中核派と反戦労働者の集合であり、全体で少なくとも一六五名は途中の白洋舎前を通過した。最終的には三一三名が逮捕されたので、別のルートの参加者かほかの中核派以外の逮捕者であったと推定される。一五：一九に白洋舎前で火炎瓶の投擲が始まった。神山派出所が炎上した。一五：二〇に警察機動隊からのガス銃による応射、一五：二一に中核派からの火炎瓶による反撃、一五：二三、後退する機動隊の最後尾の一名を追い詰め、一〇名前後で殴打し、転倒させる。うち一名の放つ火炎瓶が炎上し、死に至る。中村恒雄警部補（新潟中央警察署所属、二一歳）が死亡した。デモの指揮者である星野文昭が犯人として逮捕され、死刑が求刑された。最高裁で無期懲役が確定し、現在、徳島刑務所に服役中である。再審請求が再々度開始された。

鑑定の依頼

渋谷暴動事件については、パンフレットで知っていたに過ぎない。かつて海渡雄一弁護士が担当したことを聞いたが、それ以上の事実は皆無であった。二〇一〇年一〇月二三日、法政大学事件を担当の鈴木達夫弁護士経由で事務局からメールをタイ、プーケットで受けた。

「星野再審弁護団事務局の大形です。初めてメールさせて頂きます。再審弁護団は星野文昭さんの無実の新証拠として、証拠写真の鑑定を計画しています。殴打現場を過ぎてから星野さんが手に持っている鉄パイプには全く破損のないこと、またこの鉄パイプが、殴打現場を通過する以前に持っていたものと同一物であることを、開示された証拠写真から明らかにしたいのです。それで、法大裁判で、

図１　中村恒雄警部補慰霊碑

図２　星野文昭服役囚

ビデオ鑑定を行って下さった小川進さんに、星野さんの写真鑑定をお願いしたいのですが、小川さんの帰国日程が一一月二三日と、鈴木達夫先生からお聞きしました。スケジュールはかなり窮屈なようだともお聞きしています。小川さんと、星野再審弁護団事務局との打ち合わせの日程を入れて頂けないでしょうか。明日また、ご連絡させていただきます。宜しくお願い申し上げます」

当時、ＪＩＣＡのボランティアでタイのプーケットにいたが、法政事件の裁判で帰国することになっていた。本件は岩井信弁護士が担当していた。一一月二四日一二：〇〇〜一三：〇〇に弁護士会館で打ち合わせが行われた。六枚の警視庁が撮影した写真を受け取った。鉄パイプとヘルメットも同年一二月二四日に受け取った。最終的には合計九五枚の写真を受け取った。この中には週刊朝日掲載の二枚のカラー写真も含まれていた。

鉄パイプの鑑定

鉄パイプの写っている写真は六枚で、うち三枚が鮮明であった。岩井信弁護士との打ち合わせはメールとSkypeで行われた。鑑定書は二〇一一年一月三一日に完成した。レンズの焦点距離や撮影位置などの重要情報がほとんど分からず、推定していったが、岩井信弁護士を通し、星野再審弁護団事務局からカメラの情報を得た。四人の警察官、中村邦男、一郎丸角治、佐藤憲三、横山征は、いずれもアサヒペンタックスによる二八ミリ、五五ミリ、一〇〇ミリのレンズで撮影した。鉄パイプは使用した形跡なしとの鑑定結果をだし、二〇一一年一月三一日終了。

ここから先は、あくまでも弁護団とは別に、与えられた警視庁の九三枚の写真と朝日新聞記者提供の二枚のカラー写真の合計九五枚の写真から推定される事件の実態である。鑑定結果は、真犯人を特定した。星野文昭は真犯人ではない。真犯人は反戦労働者である。白洋舎前を通過したデモ参加者は一六五名であった。

表1　裁判の主な諸点

犯罪発生地点	東京都渋谷区神山町
犯罪発生時期	一九七一年一一月一四日一五：二三
弁護人	岩井信弁護士
弁護側鑑定人	小川進長崎大学大学院教授

参考文献

小川進、鑑定書、二〇一一年一月三一日。
全国再審連絡会議、星野文昭さんを自由に、二〇一〇。

時系列による個人識別とアリバイの証明

1　はじめに

一九七一年一一月一四日、沖縄返還協定批准阻止闘争において、中核派による渋谷暴動事件が起き、警官一名が火炎瓶の投擲で意識不明のまま死亡した。警視庁は中核派七名を犯人とし、うち六名を逮捕起訴した。この中で星野文昭氏を殺人罪で死刑求刑、一九八七年七月に無期懲役が確定し、現在再審請求中である。

ここでは、警視庁と朝日新聞社が撮影した写真に基づき、主に白洋舎前を通過したデモ隊の画像解析を通して、星野氏が警官暴行に関与したかどうかを鑑定する。

2 方法

警視庁が証拠として提出した白黒写真と朝日新聞社提供のカラー写真（二枚）より、デモ参加者の識別を行い、デモ隊の総数、その時系列、移動速度、携行物、警官殴打に関係した者の可能性、服の色を判別した。

個人識別には、ヘルメット、メガネ、マスク、服装、服の色、携行物、身長、その他の特徴を用いた。移動速度は、移動距離に全力疾走、徒歩の平均速度から求め、撮影時間を同定した。服の色は朝日新聞提供の二枚の写真より参加者の約三〇名の服の色を判定した。

これらをグレー化し、警視庁撮影の白黒写真の原色を推定した。特に明るい色の服を詳細に解析した。

3 結果

(1)時系列

写真1～29を使用して、それぞれの時間を同定した。写真3の白洋舎前をデモ隊先頭部が通過す

Fig.1　白洋舎前のデモ隊の通過人数

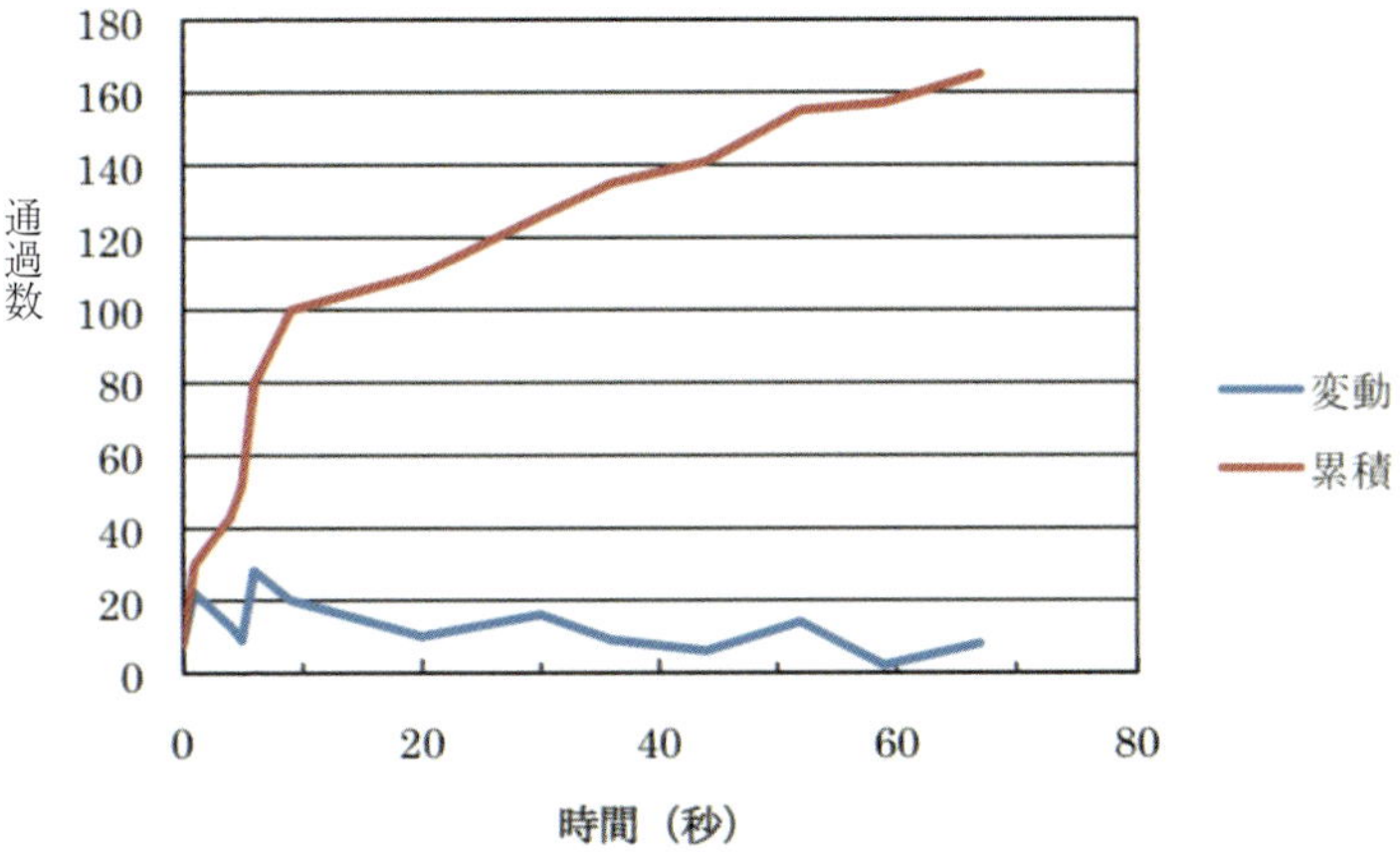

写真が捉えたデモ隊の人数の累計と写真ごとの人数を変動とした。写真は警視庁中村邦男によって、平均5秒ごとに撮られていた。デモ隊通過総数は165名であった。

る時刻を一五：一九として、前後の時間を求めた。また東急本店前に到着した時刻を一五：二六として同様に前後の写真の時刻を同定した。

その結果、デモ隊は一五：一三に小田急線代々木八幡駅を下車し、渋谷方面に向かい、一五：一八頃、神山商店街に入ってからは警察とのにらみ合いが続き、七〇mまで接近した時点から全力疾走に至った。一五：一九、白洋舎前を先頭のデモ隊が通過した。デモ参加者の通過総数は一六五名であった。白洋舎前の最終通過時間は一五：二〇であった。

デモの先頭は一五：一九に白洋舎を通過し火炎瓶の投擲を同時に行った。一五：二〇に警官からのガス銃による反撃で一時撤退したが、直ちに、一五：二一頃、火炎瓶攻撃により、デモ隊は攻勢に移った。そのまま全速力で機動隊を追走し、一五：二三ごろ、警官一名を捕捉し、殴打した。

弁護団は、警官殴打の始まりが一五：二三：一〇（時：分：秒）で、星野氏の離脱は一五：二三：四五であったとしている。一方、証言や供述内容からすれば、同時刻には、きつね色の服の者を含む約七名の者がこの警官を殴打していた。やがて警官が意識不明に至り、火炎瓶の投擲により火傷を負った。この間、指揮者より命令があったとされている。したがって、目撃証言との矛盾が時系列で生じている。

デモ隊の過半は、一五：一三に集合し、直後には出発していたと推定される。一五：一九から激しい火炎瓶の投擲が始まり、一五：二〇に機動隊からのガス銃の応射、一五：二三には警官殴打地点まで到達していた。デモ隊先頭五〇名は一五：二六には東急本店前に達していた。警官に対する殴打は多数回加えられ、その指示を指揮者が行っていたとされる。殴打地点から東急本店までの四五〇mの距離に時間の矛盾が生じている。遅くとも先頭の五〇名は一五：二四に現場を離脱しなければ一五：二六の東急本店前には間に合わない。後に示すようにC、Dが現場に残り、A、B、E、Fは離脱した。

⑵個人識別
星野文昭氏の個人識別が検察では服装と色、声で行われた。顔が隠されているために厳密な個人識別ができない状況であった。特に指揮者の上衣の「きつね色」が問題となった。星野氏は、当日の服装を青色の背広の上下であると証言した。

Fig.2　白洋舎前のデモ隊の通過人数

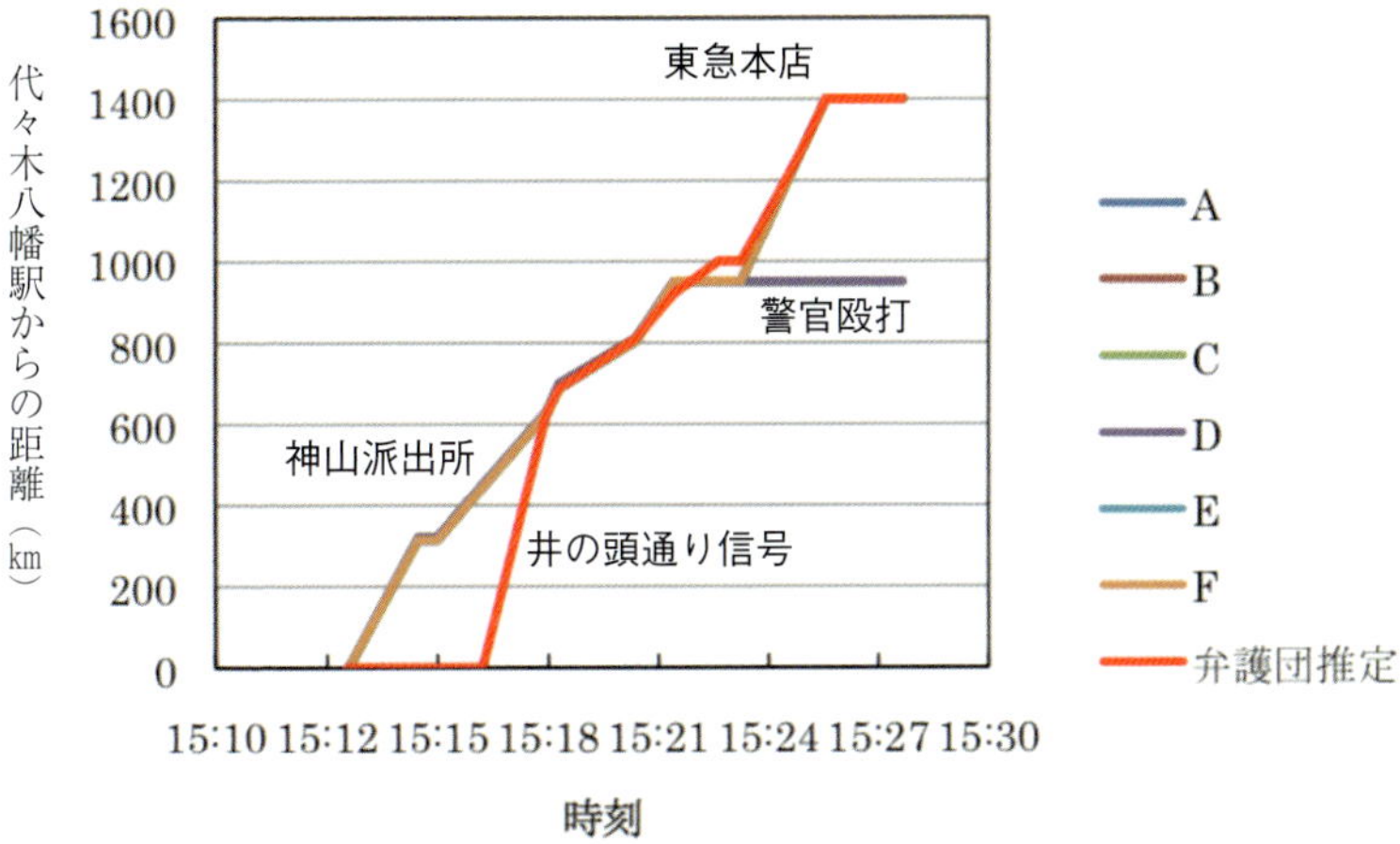

デモ隊の過半は、15：13に集合し、直後には出発していたと推定される。15：19から激しい火炎瓶の投擲が始まり、15：20に機動隊からのガス銃の応射、15：23には警官殴打地点まで到達していた。デモ隊先頭50名は15:26には東急本店前に達していた。警官に対する殴打は多数回加えられ、その指示を指揮者が行っていたとされる。450ｍの距離に時間の矛盾が生じている。遅くとも先頭の50名は15：24に現場を離脱しなければ15：26の東急本店前には間に合わない。後に示すようにC、Dが現場に残り、A、B、E、Fは離脱した。

しかしながら、公判では全デモ参加者中のきつね色の参加者や背広上下を着た者の完全な確認はされていない。弁護団は朝日新聞社の写真から、二人のきつね色の存在を示し、新証拠として提出した。しかし、この写真中にはきつね色と同系色の服装の者は全部で五名いた（Photo1参照）。そこで、詳細な五人の個人識別を、星野文昭氏を含めて行った。Table1に示すように、五人中、四人はコートを着用し、服地の色もクリーム色やベージ

Photo1　写真に見るきつね色の５人

A	B	C	D	E
反戦	反戦	中核	反戦	中核
170cm	167cm	165cm	170cm	169cm

朝日新聞社提供の２枚の写真より抽出。反戦、中核の区別はヘルメット及び隊列より判定。身長は推定値。

ユであり、きつね色といえるのは二人であり、弁護団が指摘した者ではない。さらに五人目のEはまさにきつね色の上下を着ており、終始星野氏の近傍にいた。見間違えたとすれば、この護衛者であろう。デモの最中、青山道弘氏とともにこの者もきつね色の服装で星野氏に続いた。見誤る可能性は大きく、声だけでは三人の誰が発声したかは判別できなかったであろう。

さらに残るデモ参加者も調べたところ、Table2のように、約一〇人おり、きつね色の大多数が女性であった。しかしながら先頭と最後尾との時間差は一分に過ぎず、一五：二四には彼らも殴打現場に到着しただろう。ただし、全参加者に背広上下のものはいなかった。

(3)隊列

当日、デモ先頭は五列に隊列を組んでいた。Fig.3に示すように、五つの隊列で、反戦三列と中

Table1　明るい服の個人識別一覧(1)

	ヘル	隊列	服の色	服	マスク	メガネ	携行物	身長
A	反戦	3		トレンチコート	青マスク	なし	火炎瓶・鉄パイプ	170
B	反戦	1		トレンチコート	手ぬぐい	なし	不明	167
C	中核	5		トレンチコート	白マスク	なし	火炎瓶・鉄パイプ	165
D	反戦	4		トレンチコート	手ぬぐい	黒メガネ	火炎瓶・大型釘抜き	170
E	中核	5		カジュアル上下	白マスク	黒メガネ	鉄パイプ・バックパック	169
F	中核	5		背広上下	なし	黒メガネ	鉄パイプ	165

記号はPhoto1のA-Fの明るい服を着た者。ヘルメットは反戦と中核の2種類、隊列は当日のデモ隊の左から1-5とした。服の色は類型的に分類した。ズボンはほとんどが黒か紺、例外がE、Fである。マスクは大き目のマスクか手ぬぐいが多い。メガネは黒縁メガネ。携行物は鉄パイプ、火炎瓶等。Eはバックパック。身長は推定。弁護団は中核派の唐澤勤証言よりDが警官に致命的な打撃を与えたと考えている。唐澤証言に出てくるきつね色の背広上下は存在せず、弁護団は唐澤証言を信用できないとしている。Fは星野氏。

Table 2　明るい服の個人識別一覧(2)

記号	学・労	性別	服の色	服	マスク	メガネ	携行物	身長
G	不明	男		ポンチョ	手ぬぐい	不明	竹竿、火炎瓶	165
H	不明	男		ジャケット	手ぬぐい	不明	鉄パイプ、火炎瓶	166
I	不明	男		ジャケット	手ぬぐい	不明	鉄パイプ	174
J	不明	女		コート	手ぬぐい	不明	紙袋	164
K	不明	女		コート	手ぬぐい	不明		154
L	不明	男		ジャケット	白マスク	不明		172
M	不明	女		コート	手ぬぐい	不明	紙袋	158
N	不明	女		ポンチョ	白マスク	なし	鉄パイプ	152
O	不明	女		ジャケット	マフラー	不明	火炎瓶	156
P	不明	女		スーツ上下	なし	不明		154

デモ隊の先頭100名が通り過ぎると、紙袋を持った女子が現れる。およそ戦闘とは無縁の服装に変わる。服装はコートが多く、色は黄色系である。

核二列が交互に配置され、先頭に案内人、次にきつね色の者がおり、ヘルメットは同じものが縦の列で続き、小隊レベルで全体が構成されていることがわかる。総数約六〇名。身長は一五〇センチから一八〇センチと分布し、中核、反戦ともにに身長一六〇センチ以下の小さな者もいる。

4　考察

⑴きつね色と青色

白黒写真から原色を推定すれば、Fig.4に示す黄色系が認められる。Fig.5から元の黄色系が推定できる。もし青であれば、Fig.6白黒画像を参考にFig.7右のような青が該当するであろう。

⑵交差点と殴打地点

星野氏には常に四人が警護していた。このうちの三人が警官の殺害を実行したとされており、一人は常に密着していた。当然、星野氏はその近傍にいた。一五：一二三、五メートル幅の道路で始まった打撃にも警官は必死に抵抗し、逃げ惑い、ついにうずくまるようにして崩れた。デモの指揮者は、警官を殺せとトラ部隊（Fig3参照）に命じた。しかし一五：一二三ごろ星野氏は単独で交差点に出たと主張する。

証言によれば、反戦の竹竿を持った男（黄土色）、案内役の釘抜きを持った男、中核の奥深山幸男、青山道弘、大坂正明、唐澤勤、きつね色の服装で鉄パイプを持った男の七人が殴りかかり、その後、指揮者の声に荒木が火炎瓶を投じた。確定判決によれば、星野氏、奥深山、大坂、青山、唐澤、荒木

先頭

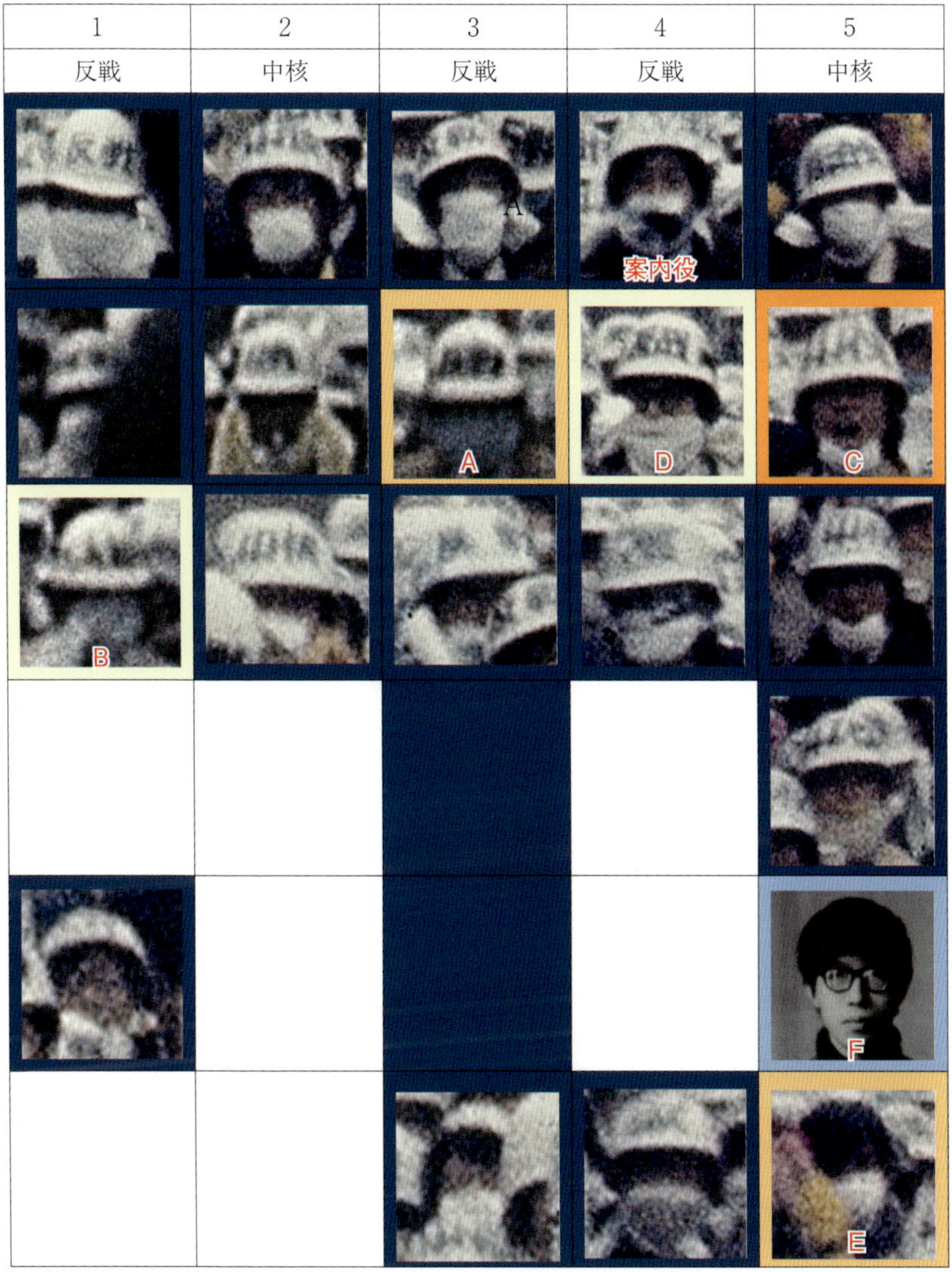

Fig3　デモ隊の編成と服の色（朝日新聞社提供の写真より）

隊の先頭には笛を持つ案内役がおり、その次にきつね色系のコートを着た者がいる。身長は154cm-180cmである。C:青山道弘。D:警察官殴打者と弁護団は推定している。いずれも写真1、2より抽出した顔写真とその類系的な服地の色を示した。多くが紺色。5列に各隊が並び、先頭部は、火炎瓶と鉄パイプ、大型釘抜き、竹竿を持つ。その後ろに写真班、荷物を運ぶ女子の姿が認められる。左から5列目最右翼が群馬部隊で、奥深山幸男（中隊長）、荒木（中隊副官、防衛隊）、荒川碩哉、唐澤勤（防衛隊）、青山道弘（防衛隊）、大阪正明、伊藤（防衛隊）がいる。防衛隊は星野氏を護衛した。裁判できつね色が問題となり、星野氏は薄青色と反論し、Dと間違えられたとしている。Dの服の色はクリーム色である。

Fig.4　きつね色の同系色

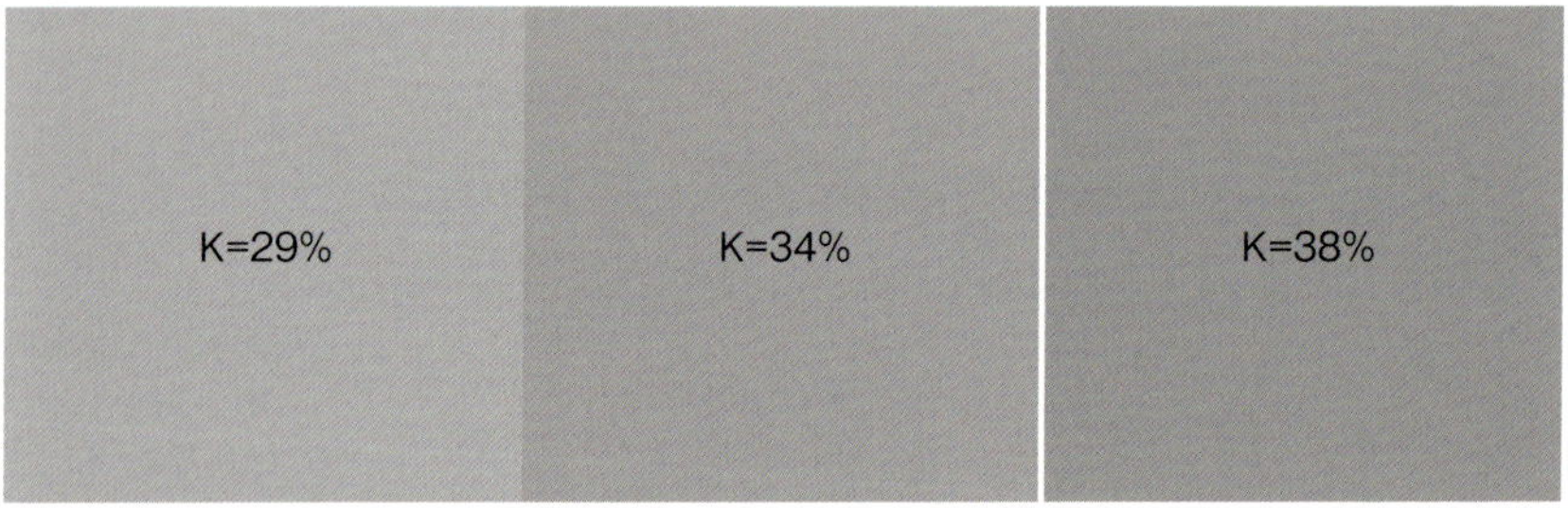

Fig.5　Fig.4のきつね色のグレー化

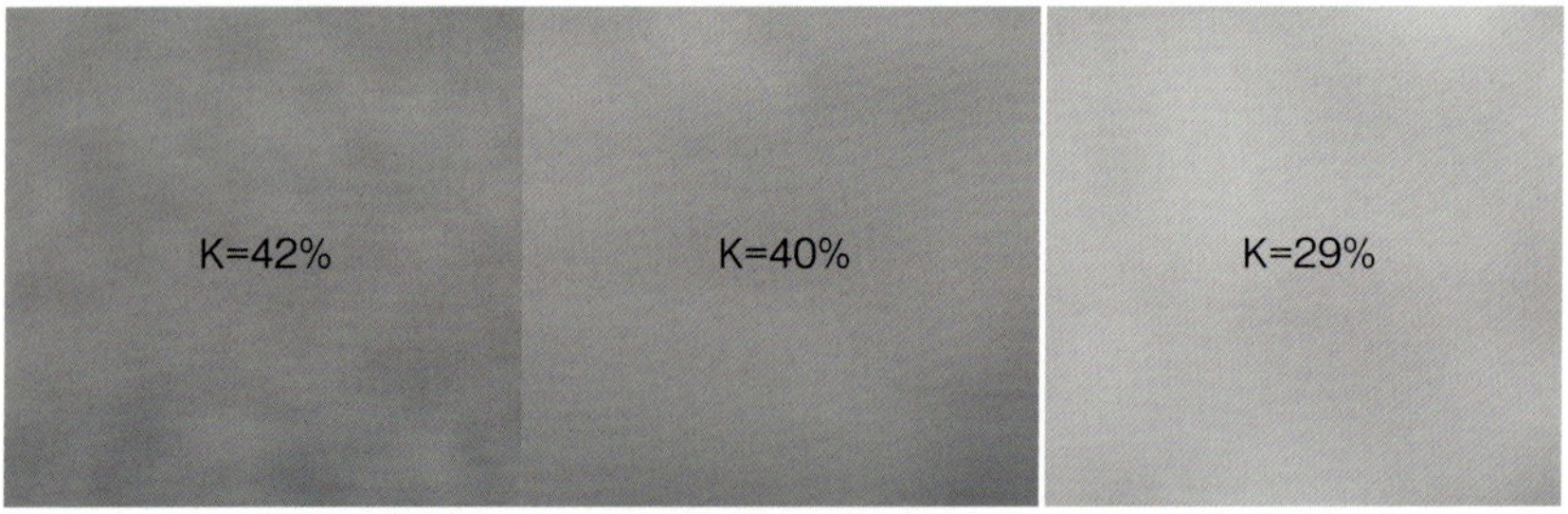

Fig.6　一郎丸、中村22-24、佐藤22-2のK値、望遠、標準、広角で各撮影。

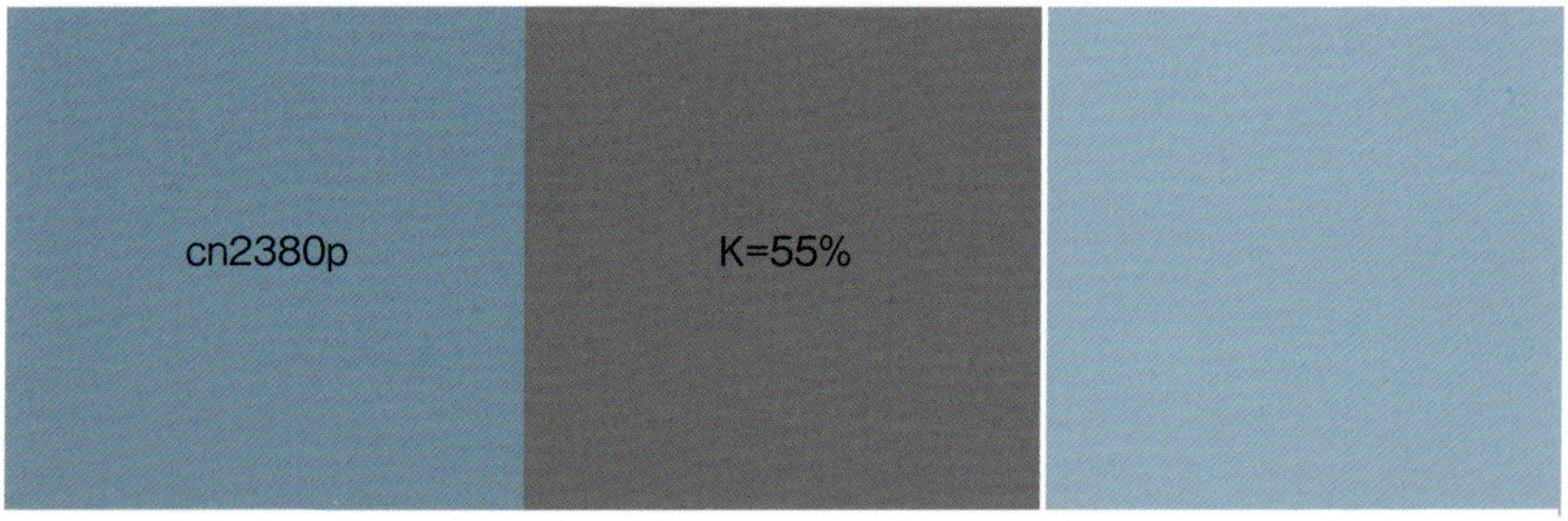

Fig.7　星野氏の主張する青cn2380p、そのグレー及びFig.6よりの推定色

ほかが鉄パイプ、竹竿等で多数回乱打し、倒し、星野氏の指示で青山、荒木ほかが火炎瓶を投げつけたとされる。

ここでの矛盾点は二点ある。少なくとも乱闘は数分間継続した。またきつね色の服装をした者がおり、鉄パイプか竹竿で殴っていた。すなわち、矛盾は、時間と服装の色である。画像解析の結果をもとに見てみると、時系列は以下の通りである。白洋舎前一五：一九、東急本店一五：二六はいずれも警視庁の証言である。

一五：一九：〇〇白洋舎前通過（警視庁中村証言）
一五：一九：〇四火炎瓶投擲（写真5より推定）
一五：二〇：三一ガス銃応射（写真20より推定）
一五：二一：一三機動隊撤退（写真25より推定）
一五：二三：一〇機動隊捕捉（証拠）～一五：二六ごろまで暴行継続と推定される。
一五：二四：〇〇星野氏離脱
一五：二五：三〇警視庁一郎丸の星野氏写真（東急本店前）
一五：二六：〇〇警視庁佐藤の星野氏写真（東急本店前）

したがって、証言のように暴行を継続していたならば、東急本店前で警視庁佐藤に一五：二六に撮影されることはあり得ない。星野氏には、アリバイが完全に成立している。

それでは、暴行に参加したきつね色の者はだれか。Photo 1の通り、先頭グループで可能性のあるのは五人しかいない。一人は星野氏と一緒に動いていた。一人は青山氏。残るは反戦の三人である。

火炎瓶、鉄パイプ、大型釘抜きを携行していた。推定身長は各一七〇、一六七、一七〇センチである。

証言によれば、きつね色＝鉄パイプ（唐澤勤証言、直近）、黄土色＝一七八センチ＝竹竿（阿部隆雄証言、七〇メートルの位置）、ベージュの薄いコート＝一七〇センチ＝警棒（福島誠二証言、七メートルの位置）とある。目撃距離が異なるので、身長は福島証言の一七〇センチの精度が最も高いだろう。A、Dの二人が該当する。色は共通して、きつね色、黄土色、ベージュで同系色である。

Table3　きつね色の男と三証言

証言	A	B	D
唐澤勤証言、直近	△	△	△

Photo2　写真に見る３人のきつね色の反戦（再掲）

A 鉄パイプ　　B 携行品不明　　D 大型釘抜き

証言によれば、きつね色＝鉄パイプ（唐澤証言、直近）、黄土色＝178cm＝竹竿（阿部証言、70 mの位置）、ベージュの薄いコート＝170cm＝警棒（福島証言、7mの位置）とある。目撃距離が異なるので、身長は福島証言の170cmの精度が最も高いだろう。A,Dの２人が該当する。色は共通して、きつね色、黄土色、ベージュで同系色である。

阿部隆雄証言、七〇m	△	△	△
福島誠二証言、七m	△	△	○

*○：ほぼ一致、△：やや一致。

警棒は、直径三cm以下で長さ三〇cm～九〇cmの金属製の棒をさすが、鉄パイプも釘抜きも寸法は該当する。色が白か黒かの違いである。客観性と一致度から福島証言を採用すれば、Dの可能性が高い。

(3) 東急本店でのアリバイ

アリバイのもう一つは東急本店での状況である。ここにはA、B、Eが写っているのである。

すなわち、きつね色の服装をした者五名のうち、A、B、Eだけが星野氏と行動を共にし、暴行に参加したと推定されるC、Dは現れていないのである。この写真は暴行に参加したかどうかを示すアリバイの重要な証拠にもなっている。デモ隊の先頭の約五〇名が東急本店前に到着した。

Photo3東急本店前、15：28頃、佐藤憲三撮影。39名。楕円星野氏。A、Eが写っている。

Photo4 東急本店前、15：28分頃、横山征撮影。楕円星野氏。B、Eが写っている。デモ隊先頭の49名が認められる。

5　結論

(1)時系列から、星野氏は警官の暴行には参加せず、指揮もしなかったと結論される。もし参加したならば、一五：二六には東急本店前に来ることは不可能であった。

(2)個人識別の結果、きつね色の服の該当者にはほかに五名存在し、証言より反戦の身長一七〇cmの者が暴行に加わった可能性が高い。

(3)星野氏が主張する背広上衣の薄い青色は、グレー化すると、警察によって撮影された白黒写真の色にほぼ一致する。

したがって、星野氏にはアリバイが成立し、警官暴行の参加及び指揮は完全に否定される。

6　裁判における主な証言

［唐澤勤証言の要点］

四、五人で機動隊員の頭と肩を殴っていた。星野氏は鉄パイプ、道案内役は釘抜き、他は竹竿を使用していた。唐澤も参加した。七人で殴り続けた。きつね色の背広上下の中肉中背の者が鉄パイプで殴打して「殺せ」、「火炎瓶を投げろ」と命じた。

〔青山道弘証言の要点〕

火炎瓶を投げた後、仲間と星野氏を追いかけたところ、誰かが機動隊員を数名で殴りつけていた。一面火の海になった。自分（青山）の火を消した。「殺せ」、「銃を奪え」という声がした。

〔荒木証言の要点〕

周りで「火炎瓶を投げろ」という声がして、投げた。二〇名近くいた。

〔阿部隆雄証言の要点〕

逃げ遅れた機動隊員に黄土色の上衣の一七八センチの反戦が竹竿で殴りつけ、五名が追いつき、乱闘になった。このうち一名はヘルメットがなかった。あとは、一七八センチの黒、一七五センチの茶系、一六五センチの黒の上衣。二〇～三〇名で取り囲んだ。

〔福島誠二証言の要点〕

一〇人の機動隊を五〇人の白ヘルが追いかけてきた。一人を一五、六人で囲み、七人が殴っていた。一七〇㎝のベージュの薄いコートの男が警棒で殴っていた。

共通しているのが、身長一七〇センチでベージュ（きつね色）のコートを着た男であり、反戦のDが暴行に加わった可能性が大きい。一メートルの釘抜きを持っていた。

Photo5　170cmのベージュの薄いコートの男
（再掲）

デモ隊の時系列と移動の様子
a）15:13　代々木八幡駅,デモ隊集結、出発

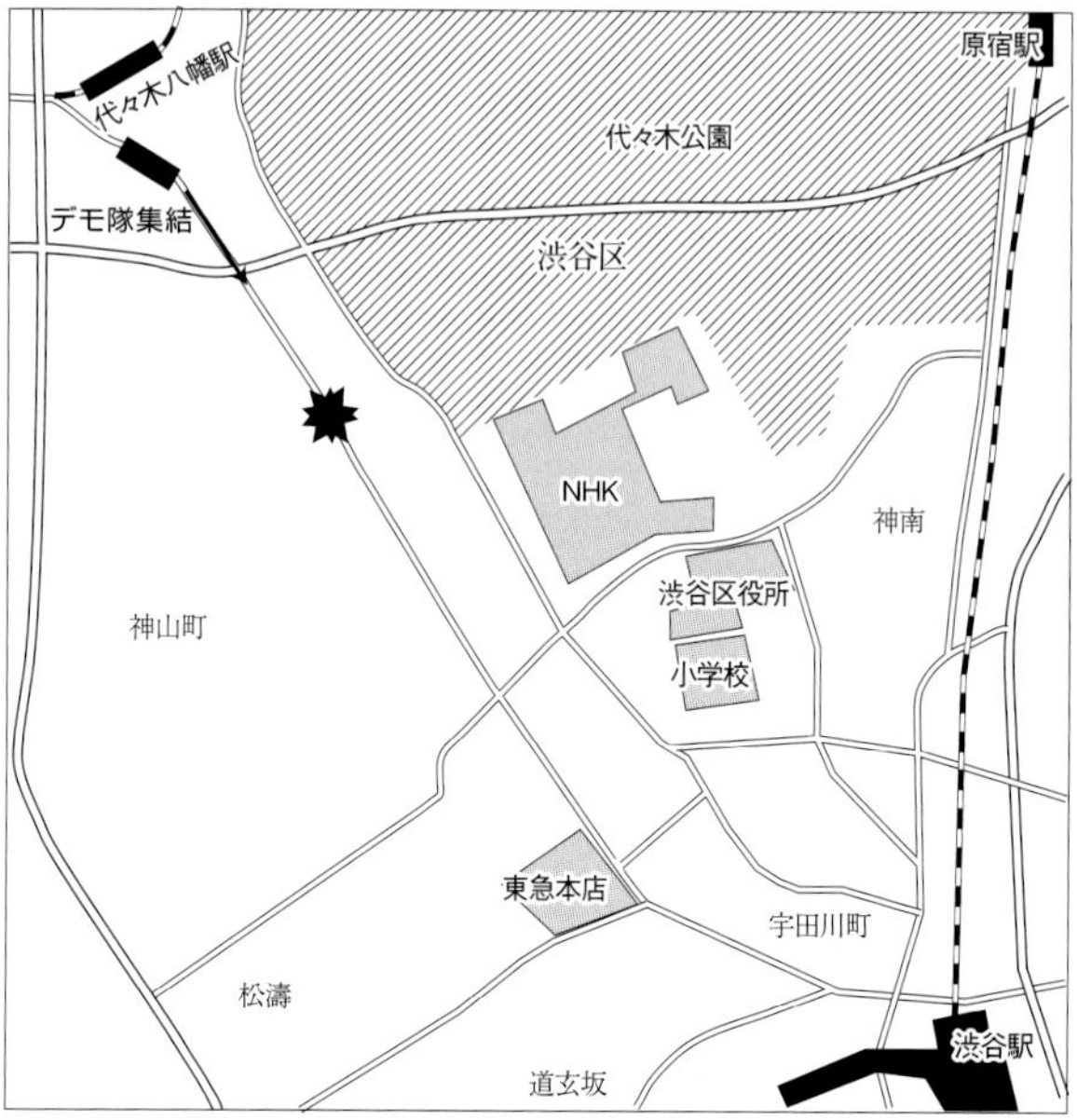

デモ隊の時系列と移動の様子
b）15:19　デモ隊白洋舎前到着,火炎瓶投擲

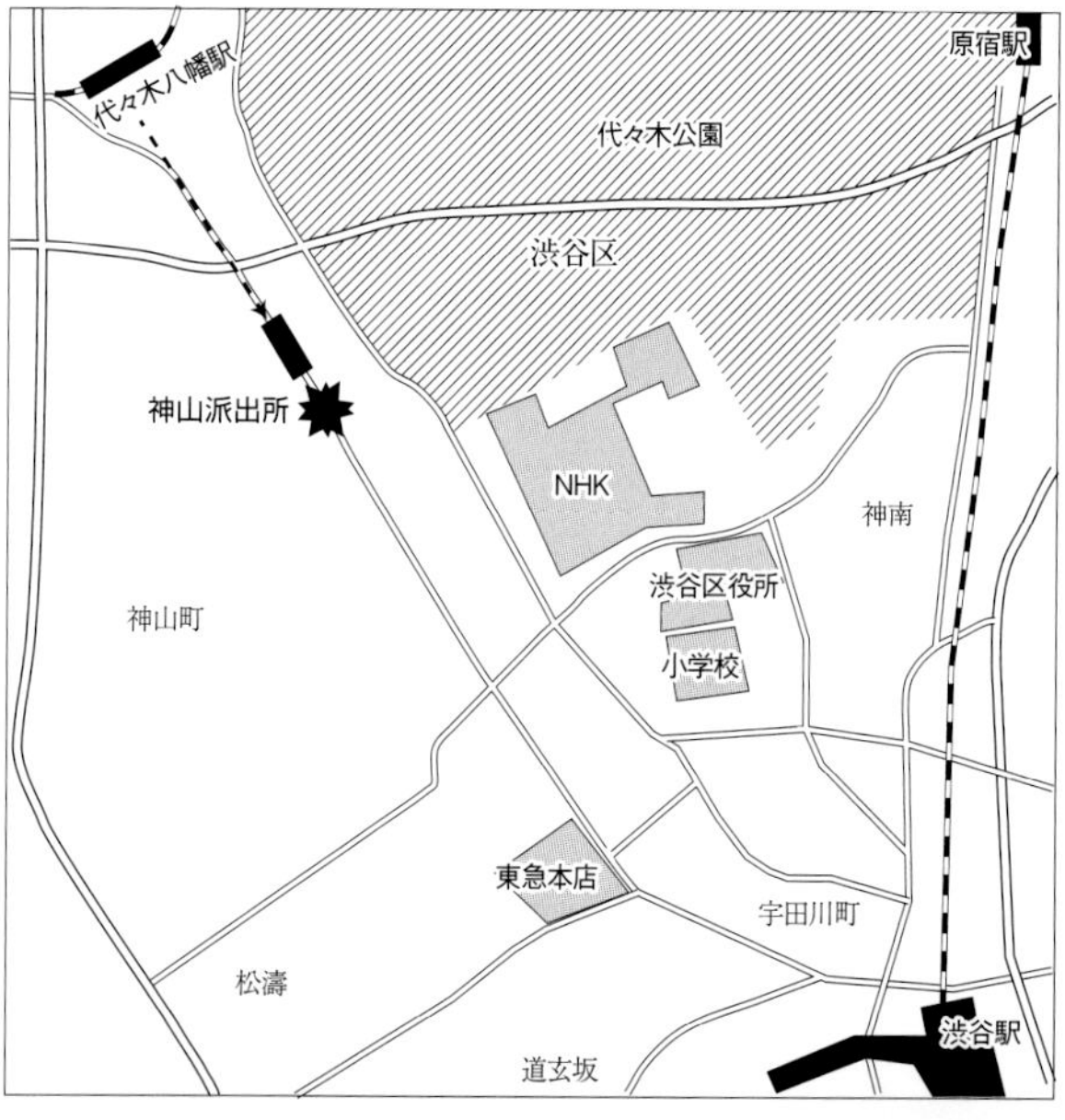

デモ隊の時系列と移動の様子
C）15:23　デモ隊警官捕捉、星野氏離脱

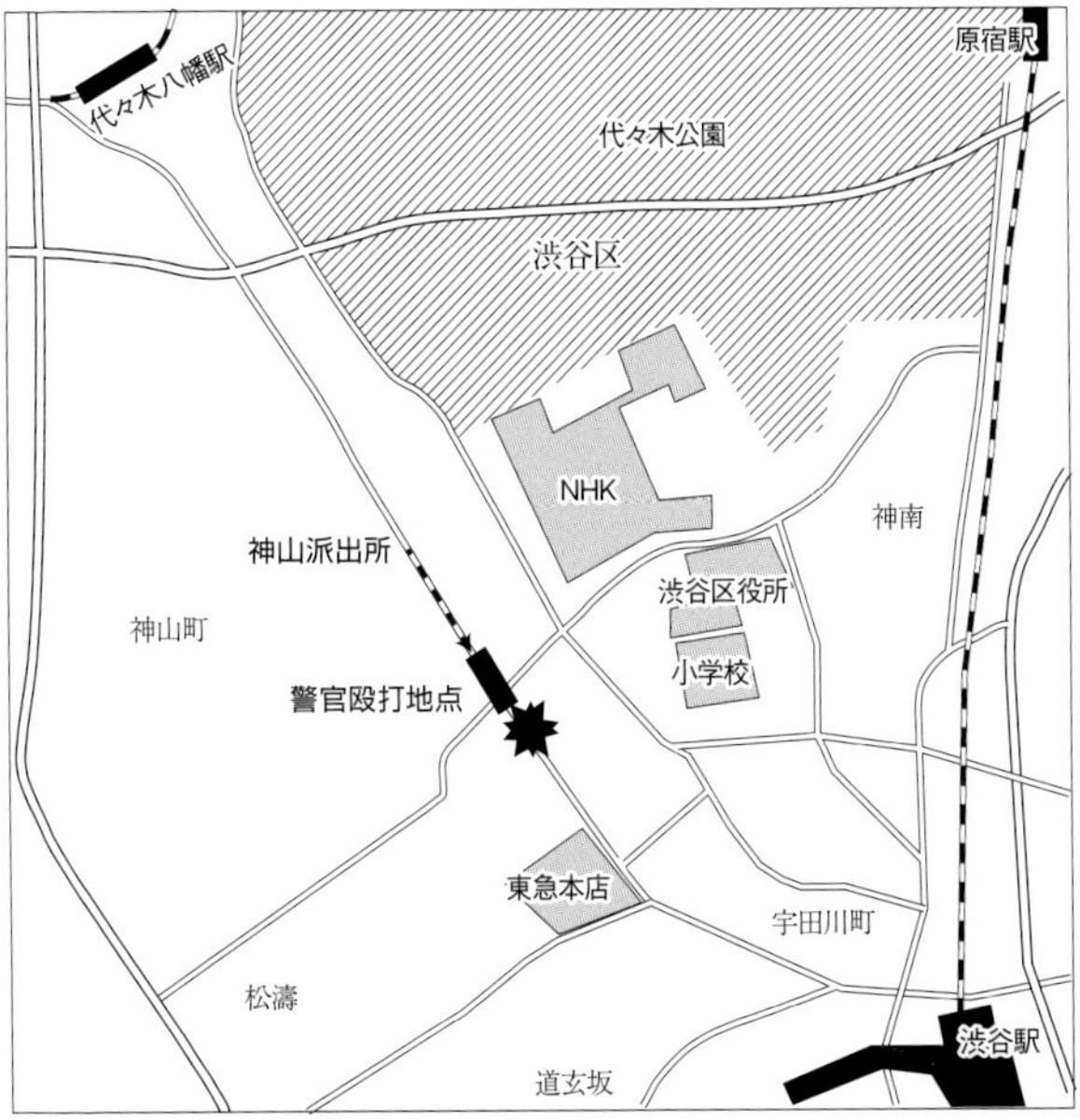

デモ隊の時系列と移動の様子
d）15:26　デモ隊先頭50名東急本店に到着

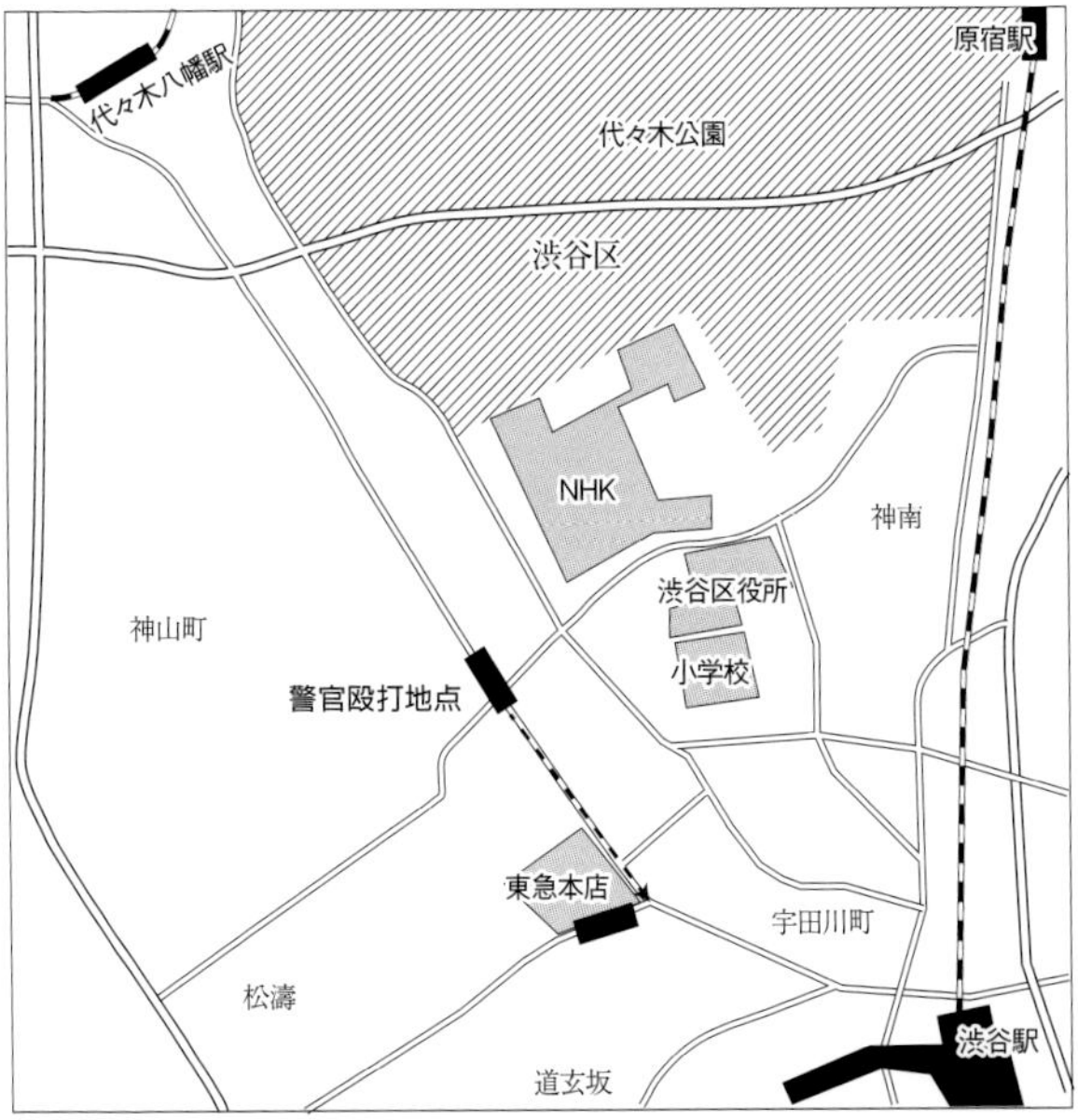

写真1　15：18（37名）、警察と対峙。駅から700ｍ神山商店街。
警官との距離約70ｍ。

写真2　15：18（59名）突撃、神山商店街、赤丸星野氏近傍。明るい上衣は4人（黄矢印）。2人が反戦2人は中核。写真1と合わせて全部で5人。5小隊縦陣、青矢印先頭・案内役。

写真3　15：19（7名）、白洋舎前、先頭7名、全力疾走。

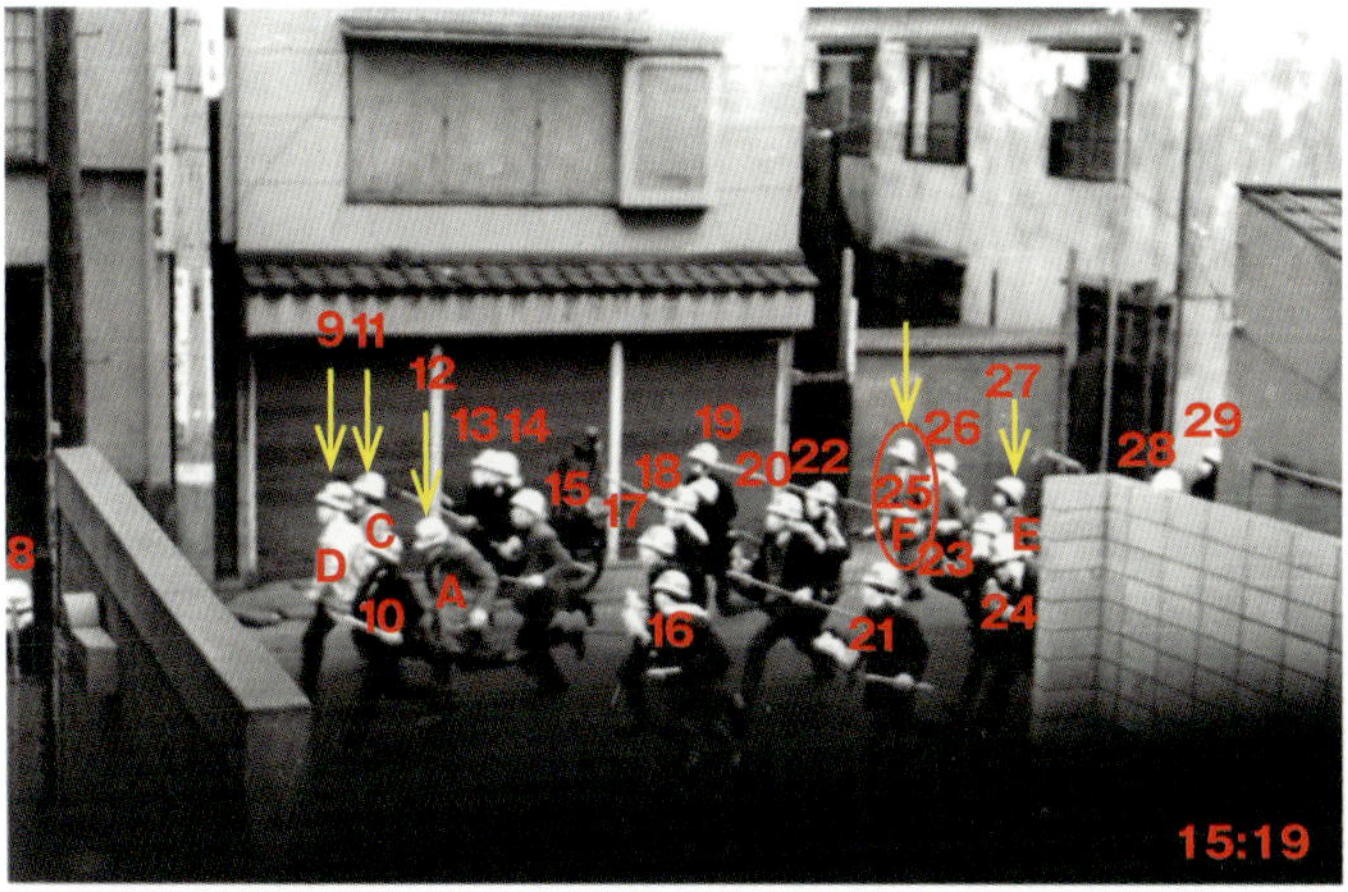

写真4　15：19（22名）、白洋舎前。全力疾走。明るい上衣の4人目は星野氏F（楕円内）。

写真5　15：19 (33名)、火炎瓶投擲、先頭30名。

写真6　15：19 (先頭41名)、警察と対峙、交番前。明るい上衣は5人。楕円星野氏。

写真7　15：19（41名）。

写真8　15：19（55名）、楕円は中核派の写真班。

写真９　15：19（60名）、楕円は同写真班。右から女子が荷物を持って歩いてくる。

写真10　15：19（74名）、楕円は同写真班。デモ隊の後半。全員徒歩。代々木八幡駅を15：10頃出発したと推定できる。

写真11　15：19（74名）。楕円は同写真班。

写真12　15：19（58名）。楕円は同写真班。

写真13　15：19（59名）。楕円は同写真班。

写真14　15：20（49名）。楕円は同写真班。当日、３名の写真班がいた。

写真15　15：20（58名）。楕円は同写真班。

写真16　15：20（38名）。楕円は同写真班。デモ最後尾。

写真17　15：20（57名）。楕円は同写真班。

写真18　15：20（45名）。楕円は同写真班。デモ最後尾。

写真19　15:20（5名）。楕円は同写真班。デモ最後尾。

写真20　15:20（17名）、デモ隊の撤退。楕円は同写真班。機動隊ガス銃応射。

写真21 15:20（15名）、デモ隊の撤退。

写真22　15：20（20名）、デモ隊の撤退。椿円は同写真班。

写真23　15：20（22名）、デモ隊の撤退。楕円は同写真班。

写真24　15：21（26名）、デモ隊の撤退。

写真25　15：21(20名)、デモ隊の撤退止まる。前方への方向転換。機動隊を追尾。

写真26　15：25(3名)、首にマフラーと白マスク。デモ先頭。1000mm望遠。東急本店前。中央左、星野氏、鉄パイプ使用の形跡なし。

写真27　15：26（37名）、デモ先頭、東急本店前到着。

写真28　15：28（39名）、先頭が東急本店前に集結。楕円星野氏。

写真29　15：28（49名）、東急本店前。デモ隊が戻り始める。

写真30　左：突撃写真拡大、右２枚：佐藤憲三撮影、メガネ、白マスクと上衣のきつね色が見える（中央）。突撃時に右列の中核派後方５番目の星野氏（右）と６番目の男（中央）、全体25番目と27番目に位置していた。

図1　デモ経路の全体図と撮影位置

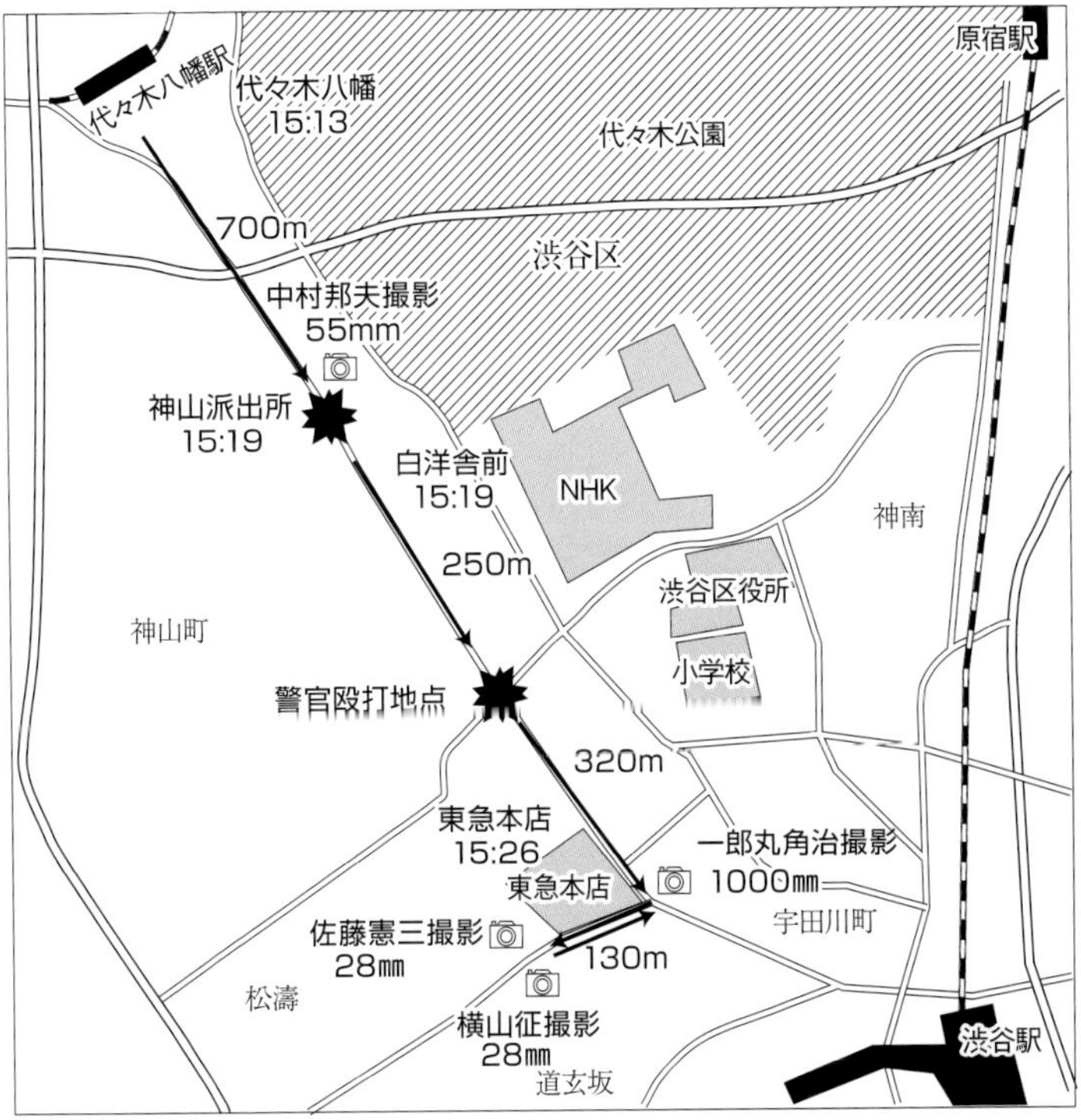

代々木八幡駅：15：13着。
白洋舎前（神山派出所）：15：19通過。火炎瓶投擲開始。
東急本店前：15：26着。
📷：警視庁による撮影地点（中村邦男、一郎丸角治、佐藤憲三、横山征撮影）
✸：火炎ビン使用地点
➔：デモ隊の移動方向
15：20には激しい音響と火炎の交錯する戦闘状態にあったことが写真よりうかがえる。

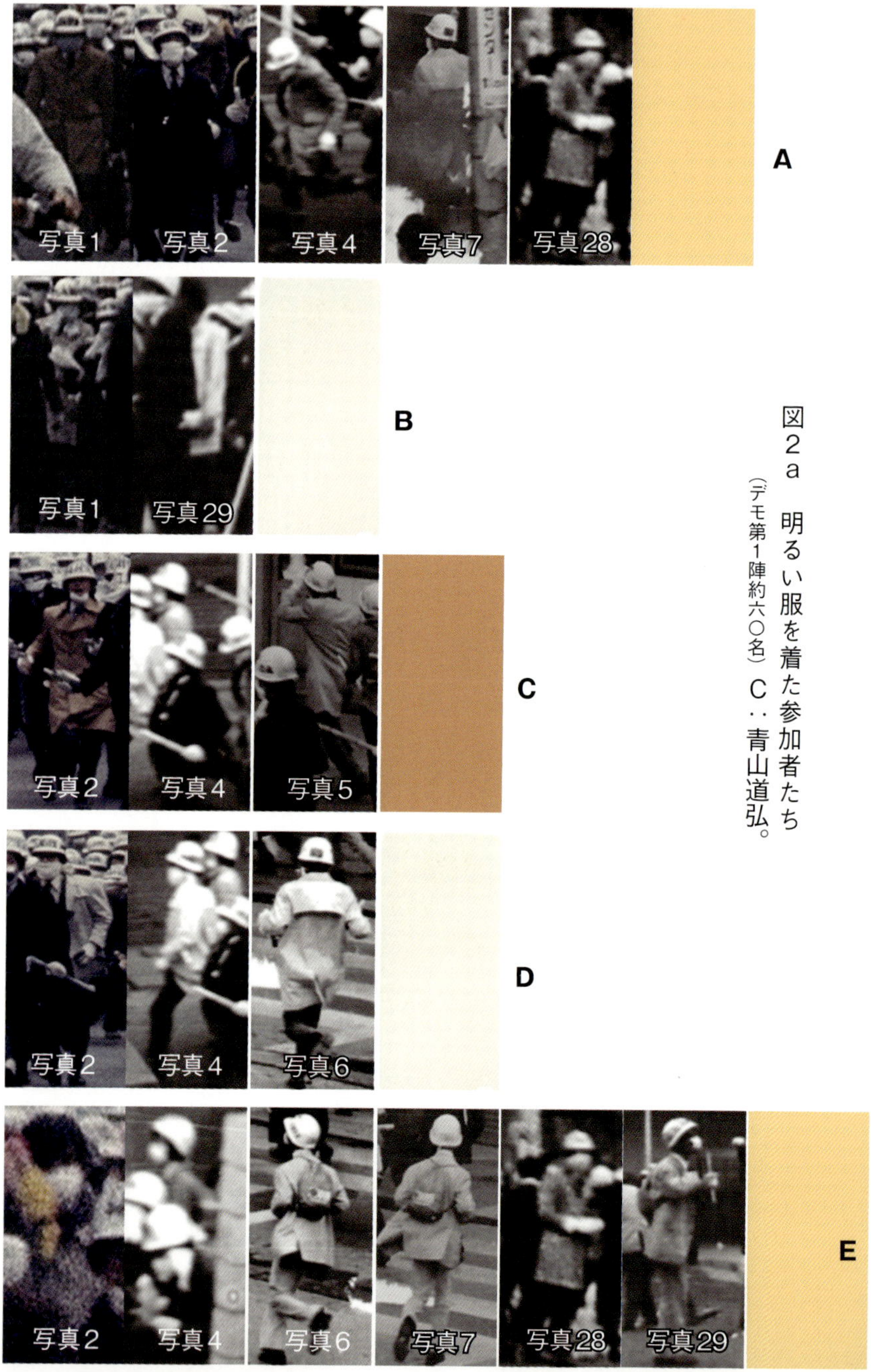

図2a　明るい服を着た参加者たち（デモ第1陣約六〇名）C：青山道弘。

F

G

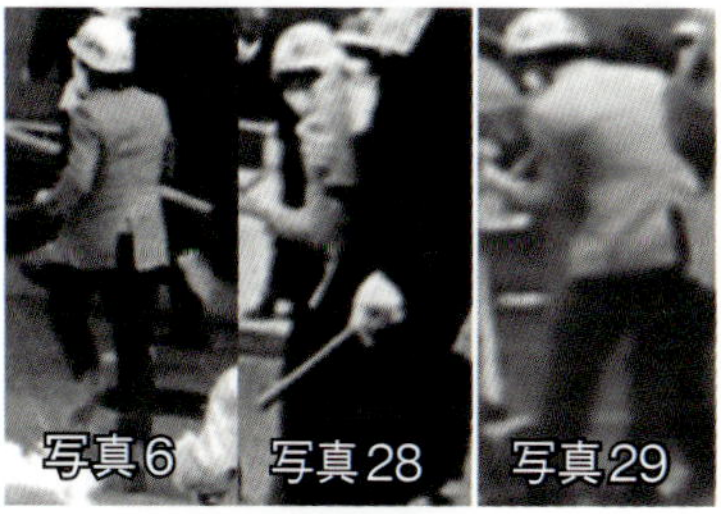

H

I

J

女性

図2b　明るい服を着た参加者たち（デモ第1陣約六〇名）ほか六名うち女性五名。

結論

防犯カメラを巡る冤罪事件として、舞鶴女子高生殺害事件、南風原強盗事件、法政大学器物破損事件と橋本鑑定書が起こした事件を取り上げた。渋谷暴動事件は、共産党の白鳥事件のように、殺害者とリーダーが異なる冤罪事件である。共通しているのが証拠不十分である。

白鳥事件は、一九五二年一月二一日、当時、共産党を弾圧していた札幌市警の公安担当、白鳥一雄警部の殺人事件である。共産党の地区委員であった村上国治が犯人として逮捕された。走行中の自転車から片手射撃で心臓を一発で射抜くプロの犯行であった。にもかかわらず、当時の党の指導者であった村上国治が逮捕された。共産党の地区組織が完全に壊滅した。共産党の弾圧を目的とする冤罪事件である。村上は懲役二〇年の実刑となった。最終的には、「白鳥決定」と呼ばれる「疑わしきときは被告人の利益に」という最高裁の判断が出された。検察・警察の明白な証拠のねつ造が認められなかった。筆者は、鑑定人であった原善四郎東大助教授から直接話を聞いた。発射された拳銃の銃弾の弾痕が明らかに異なっていた。しかし、共産党自体が大きく変化した事件でもあった。

渋谷暴動でも、中村恒雄警部補殺害に直接関与していない星野文昭に、真犯人の反戦労働者に代わって、無期懲役刑が下された。二つの事件は、実行犯が明らかであるにもかかわらず、組織のリーダーが実刑を下されており、見せしめともいうべき警察、検察、裁判所が一体となった冤罪事件である。白鳥事件は綿密な計画のもとに実行された殺人に対し、渋谷暴動は二〇歳の学生も参加した暴発的な殺人であった。

法政大学の器物破損事件は、自治会を支配していた中核派を追い出しに大学当局が警察と一体になって起こした冤罪事件である。こうした些細な刑事事件にも当たらぬ案件を証拠も不十分なまま、告訴した法政大学は自殺行為であろう。掲示されていた「紙」を酔っぱらった学生が破り捨てたとのことで、学長名で刑事告発したわけである。しかも「計画的犯行」として、当日、居酒屋で飲んでいた学生全員を逮捕させた。さらに防犯カメラの映像を法政大学の教職員が「同定」していき、犯人として東京拘置所に送り込んだ。紙を破った学生は一人である。五人の学生がいわば前科者にされたわけである。本件は全員の無罪が確定した。

本書の中心テーマは、やはり、冤罪鑑定人、橋本正次東京歯科大学教授の鑑定書の乱造である。この異常さは、日本の刑事事件の一端を示す。すなわち、起訴されたら、ほぼ犯人にされる構造である。橋本正次の年間一二〇〜一五〇件の鑑定書作成、二日に三本の鑑定書を書き上げる行為は、日本の検察を象徴する。筆者の場合、鑑定書は一カ月から一年はかかっている。ページ数は橋本とさして変わらない。教授職では限界といってよい。画像処理の実費として、一件あたり二〇〜三〇万円はどうしてもかかる。橋本も実費は受け取っているという。橋本が検察から受け取った総額はすざましいことになる。

沖縄の南風原事件は高裁で審議は止まってしまった。一般の人には科捜研というのは、沢口靖子のような研究者で構成された知的集団と考えられているだろう。実際には県下の大学と工業高校などの卒業生とで構成されて、少人数で毎日ルーチンワークをこなしている。特に分析には時間がかかり、肉体労働の日々である。膨大な証拠や試料の保管も限界状態にある。その結果を選ぶのは検察であり、科捜研には権限はない。そうした状況では、口紅と赤ペンキを間違えたとしても、科捜研の責任ではない。文系の検察には、科捜研の結果を読み解く能力の人間はいない。本件は一審の裁判員制度の素人が招いた冤罪事件ともいえ、裁判員の責任は重い。

一般の人にはこうした冤罪事件の実態は知られていない。冤罪の被告には、知的障碍者や精神障碍者がなっている事実も最後に訴えたい。刑事判決で死刑も出ていることを考えれば、恐ろしい犯罪が行われていることに気づくだろう。


【参考文献】


大谷昭宏、『監視カメラは何を見ているのか』角川書店、二〇〇六年。

星周一郎、『防犯カメラと刑事手続き』弘文堂、二〇一二年。

瀬木比呂志、『絶望の裁判所』講談社、二〇一四年。

橋本正次、『犯罪科学捜査、宝島社』二〇〇〇年。

馬場悠男、金澤英作、『顔を科学する』ニュートンプレス、一九九九年。

石井健一郎、上田修功、前田英作、村瀬洋、『パターン認識』オーム社、一九九八年。

今村核、『冤罪と裁判』講談社、二〇一二年。

尾形誠規、『袴田事件を裁いた男』朝日新聞出版、二〇一四年。

長崎誠三、『作られた証拠、白鳥事件と弾丸鑑定』アグネ技術センター、二〇〇三年。

後藤篤志、『亡命者、白鳥警部射殺事件の闇』筑摩書房、二〇一三年。

木谷明、佐藤博史、岡島実、『南風原事件、DNA鑑定と新しい冤罪』現代人文社、二〇一三年。

[著者略歴]

小川進（おがわ　すすむ）

1953 年　東京生まれ
1980 年　東京大学工系大学院博士課程修了（工学博士）
1998 年　コーネル大学大学院博士課程修了（PhD、農学博士）
1980 ～ 1995 年　東京都庁（土木技術研究所ほか）
1998 ～ 2000 年　農業環境技術研究所研究員
2000 ～ 2008 年　立正大学地球環境科学部助教授
2008 ～ 2011 年　東京大学空間情報科学研究センター客員研究員
2010 ～ 2012 年　タイ国立ソンクラ大学講師
2012 年　長崎大学大学院教授

著書
『LNG の恐怖』（亜紀書房、共訳）、『LPG 大災害』(技術と人間、共著)、『阪神大震災が問う現代技術』（技術と人間、共著）、『都市域の雨水流出とその抑制』(鹿島建設、共著)
学術論文 223 編

防犯《ぼうはん》カメラによる冤罪《えんざい》

2014年10月30日　初版第1刷発行　　定価1600円＋税

著　者　小川進 ©
発行者　高須次郎
発行所　緑風出版
〒113-0033　東京都文京区本郷2-17-5　ツイン壱岐坂
［電話］03-3812-9420　［FAX］03-3812-7262［郵便振替］00100-9-30776
［E-mail］info@ryokufu.com［URL］http://www.ryokufu.com/

装　幀　斎藤あかね
制　作　R 企 画　　印　刷　中央精版印刷・巣鴨美術印刷
製　本　中央精版印刷　　用　紙　大宝紙業　　E1500

ISBN978-4-8461-1415-2　C0036

◎緑風出版の本

■全国のどの書店でもご購入いただけます。
■店頭にない場合は、なるべく書店を通じてご注文ください。
■表示価格には消費税が加算されます。

刑事事件お助けガイド
矢野輝雄著
A５判並製 一九二頁 ２２００円

告訴、告発のしかたから起訴後まで、刑事手続きのしくみや、そこでの対応法や問題点を詳しく解説。また、新たに導入された裁判員制度とその問題点も解説。被疑者やその家族の立場に立ち、まさかの時の刑事事件お助けガイド。

「逮捕・起訴」対策ガイド 市民のための刑事手続法入門
矢野輝雄著
A５判並製 二〇八頁 ２０００円

万一、あなたやあなたの家族や友人が犯人扱いされたり、犯人となってしまった場合、どうすればよいのか？ 本書は逮捕から起訴、そして裁判から万一の服役まで刑事手続法の一切を、あなたの立場に立ってやさしく解説する。

DNA鑑定 科学の名による冤罪
天笠啓祐著
四六判上製 二一四頁 ２２００円

犯罪捜査の切り札として、DNA鑑定が賞賛を浴びている。しかし、DNA鑑定は万全ではなく、作為をもって鑑定結果が出される場合もある。本書は、DNA鑑定の実態を明らかにし、その汎用化に疑問を投げかける。

マイナンバーは監視の番号 徹底批判まやかしの共通番号制度
やぶれ！住基ネット市民行動著
四六判並製 二七六頁 ２０００円

共通番号制度は、基礎年金番号などの様々な「限定番号」をつないで広範な事務に使用される。本書は、監視社会、管理強化、プライバシー侵害問題だからの批判だけでなく、制度やシステムに内在する矛盾や問題点も検討している。

調査報道 公共するジャーナリズムをめざして
土田修著
四六判上製 二四四頁 ２２００円

日本のマスメディアは、「お役所」が発する情報には敏感だが、市民社会で起きていることはあまり報道しない。本書は、欧米の調査報道、市民運動に連携するジャーナリズムを紹介しながら、市民の視点に立った報道を提言。